从0到1学创业模式

吕雅丽 著

中华工商联合出版社

图书在版编目(CIP)数据

从0到1学创业模式 / 吕雅丽著. -- 北京：中华工商联合出版社，2024.7. -- ISBN 978-7-5158-4012-3

Ⅰ.F241.4

中国国家版本馆CIP数据核字第2024YP0620号

从0到1学创业模式

作　　者：	吕雅丽
出 品 人：	刘　刚
责任编辑：	胡小英
装帧设计：	周　琼
排版设计：	水京方设计
责任审读：	付德华
责任印制：	陈德松
出版发行：	中华工商联合出版社有限责任公司
印　　刷：	北京毅峰迅捷印刷有限公司
版　　次：	2024年9月第1版
印　　次：	2024年9月第1次印刷
开　　本：	710mm×1020mm　1/16
字　　数：	180千字
印　　张：	14.25
书　　号：	ISBN 978-7-5158-4012-3
定　　价：	68.00元

服务热线：010－58301130－0（前台）

销售热线：010－58302977（网店部）
　　　　　010－58302166（门店部）
　　　　　010－58302837（馆配部、新媒体部）
　　　　　010－58302813（团购部）

地址邮编：北京市西城区西环广场A座
　　　　　19－20层，100044

http://www.chgslcbs.cn

投稿热线：010－58302907（总编室）

投稿邮箱：1621239583@qq.com

工商联版图书

版权所有　侵权必究

凡本社图书出现印装质量问题，请与印务部联系。

联系电话：010－58302915

前言

如果你问一个成年人，此生最大的梦想是什么，相信很多人都会回答："实现财富自由。"因为有了钱，才能去过自己想要的生活；因为了有钱，才能去完成自己未完成的梦想；因为有了钱，才能去帮助更多的人……

那么，钱从哪里来呢？

显然，靠朝九晚五的打工是无法实现的；靠买彩票中奖这种概率极低的事件，也是不现实的；靠父辈的打拼，你倒是可以财富自由，但那终归不是你自己挣来的钱。只有靠自己的双手，靠自己的头脑去创业，去挣钱，才能实现财富自由，这也是为什么越来越多的人，都开启了创业之路。

但提起创业，大部分人都怕担"风险"。可做什么没风险呢？打工一样要面临风险，只是这个风险是固定的，比如：裁员、企业倒闭等，而当这些风险来临时，我们却只能被动接受。而创业的风险是不确定的，你知道它会来，但不知道它什么时候会来，但我们可以选取积极的态度去面对风险，可以尽可能降低风险，也可以运用自己的商业思维，将风险转移。但前提是，你要先出发。

这时，有人会问："没钱怎么办？"

创业初期不一定就需要很多钱，很多企业家都是白手起家。比如：亚洲首富李嘉诚。李嘉诚起初是钟表店的伙计，后来又在塑料厂当推销员，积累了一定的工作经验后，他借了5万元，开了自己的第一家工厂，赚了第一桶金。之后开始投资房地产，最终走向首富之路。

再比如：新东方的创始人俞敏洪，他出身草根，靠着自强不息的精神，从农村考上了北大。毕业后，全班50个人，49个人都出国深造，只剩下一个俞敏洪。为了也能出国留学，他办起了培训班，丢掉了北大老师的铁饭碗。最终他还是没能出国留学，因为他已经从国内找到了为之奋斗的事业，那就是开办培训学校。一路上走得跌跌撞撞，几次跌倒几次爬起来，即便是遇到政策性调整这样影响巨大的打击，他依旧能够重振旗鼓，做出了东方甄选这样的电商品牌。

所以，没钱不是创业中的问题，资金可以积累。

还有人会犹豫："没商业头脑怎么办？"

做生意要有商业头脑，可又有几个成功的企业家敢说自己天生具备商业头脑呢？他们能够叱咤商海，拥有比他人更加敏锐的商业头脑，是因为他们经过了后天的学习和历练。那些身家过亿的大老板，为了不让自己落伍，一直在接触更新的事物，了解更前端的科技，学习更专业的知识。他们的成功，是在一次又一次的失败中建立起来的；他们的能力，是在一次又一次的磨难中历练出来的。

所以，没有商业头脑也不是创业中的问题，头脑可以靠知识来武装，能力可以靠历练来提升。

也有人会发愁："没有经验怎么办？"

的确，毫无经验地创业，会增加失败的几率，而失败的次数多了，对资金对身心都是极大的伤害。但经验可以复制，那么多成功的老板，或大或小，在他们身上都有着我们可以学习和借鉴的经验和教训。本书就综合讲述了那些过人的创业人的经验和教训，从改变自己的认知开始，到选择做什么，再到如何搭建一家公司的模式，不能说事无巨细，也不能说看了保证能成功，只能说一定能够帮助想要创业的你少走一些弯路。事实证明，那些在创业路上栽了大跟头的，往往都是盲目自大，在毫无准备之际，就踏上了创业之旅。

所以，没有经验也不是创业中的问题，至少本书可以帮你从过来人的身上总结经验，让你能够从0开始学习创业，让你在创业路上会犯错，但也能从错误中总结经验教训，为下次成功提供宝贵经验。

因此，创业最大的问题，是畏畏缩缩不敢向前走的你。如果你并不满足按部就班的打工生活，如果你的内心充满了挑战未知的欲望，如果你有做梦都想要实现的梦想，那你就大胆地去创业吧！

就算赔得倾家荡产，就算一辈子都没有成功，但只要你能够控制好风险，不要去犯"无知又傲慢的错误"，那至少你还能收获一个有趣的、充实的、不一样的精彩人生。

目录

001 第1章
意识觉醒，创业改变人生

做人要有野心，还要清晰地认识自我 / 002

脱掉"孔乙己"的长衫，别被学历禁锢 / 007

成功可以借鉴和学习，但不能照搬 / 012

保持空杯心态，始终在学习 / 017

有钱没钱，都不影响你创业 / 022

创业，就是不断试错的过程 / 026

031 第2章
想要跑得快，就要选择合适的赛道

你找到的"痛点"，是否真的够痛 / 032

社会刚需，更容易让你挣到钱 / 037
别只看"行情"，还得考虑市场规模 / 042
对社会有益，就是对自己有益 / 046
做熟悉的领域，能少交点"学费" / 051
附表：未来5年中，10个非常有前景的创业赛道 / 056

057　第3章
寻找合适的伙伴，一起并肩作战

朋友关系好，不一定能合作好 / 058
与伴侣合伙，身份切换要自如 / 063
找上门的"合伙人"，不一定是"好人" / 068
就算是亲朋好友，也要做背景调查 / 072
让人才成为你的合作伙伴 / 077

083　第4章
做细腻的操盘手，在大局中把握方向

以售卖开始，以服务永恒 / 084
像"吝啬鬼"一样控制成本 / 090
不断完善制度，为裂变做好准备 / 095
无钱事事难，融资需谨慎 / 100
将风险控制在可控范围内 / 105

111 第 5 章
搭建超级模式，实现可持续发展

在获利与让利之间，寻找平衡点 / 112
跨界经营，混搭出新意 / 117
船小好掉头，轻资产轻装上路 / 122
以"小而精"，引领细分领域 / 127
反脆弱结构，让你立于不败之地 / 131

137 第 6 章
营销手段千千万，收获真心方得始终

打造属于你自己的明星产品 / 138
吸引人的是广告，征服人的是品质 / 143
取悦所有人，就是得罪每个人 / 149
讲好一个故事，赢得顾客的倾心 / 155
用好互联网，一传百百传万 / 162

169 第 7 章
做狼群之首，将果断和人情发挥到底

归功于外因，归咎于内因 / 170

好的人才，是培养出来的 / 175

有人才不算牛，留下人才才叫牛 / 180

管理要有制度，制度要有人情 / 186

扁平化管理，划清业务界限 / 192

197 ● 第 8 章
避坑指南，远离这些创业路上的"陷阱"

说干就干，缺少深思熟虑 / 198

盲目跟风，什么火就干什么 / 202

追求规模，不合时宜急速扩张 / 206

用烧钱换成长，挂名死亡排行榜 / 210

随意分配股权，利益纠葛不清 / 214

第 1 章
CHAPTER 1

意识觉醒，
创业改变人生

创业，从改变认知开始。因为人永远无法赚到超出自己认知范围之外的钱，除非是靠运气。然而，运气带来的财富，往往会在实力不足的情况下流失。因此，不断提升自己的认知维度至关重要。只有不断地学习和反思，才能在创业的道路上越走越远，最终实现自己的梦想和目标。

○ 做人要有野心，还要清晰地认识自我

从表面上看，现在创业的门槛低、条件优、选择性大，这是事实不假，但同时也要看到这"简单"之下的暗潮汹涌。其实创业是九死一生的事，真正能够走向成功的人，是极少数，而这些极少数的人，无一例外都具备一个优点，那就是清晰的自我认知。

几千年前，在古希腊奥林匹斯山上的德尔菲神殿里，有一块石碑，上面写着"认识你自己"，古希腊人把它奉为"神谕"。中国也有句经典名言："人贵有自知之明。"自知之明，就是能了解自己，认清自己。认识和了解自己越多，创业走的弯路就会越少。相反，如果你不认清自己，你极有可能失去坚持下去的信念和动力，创业很可

能半途而废。

英子就是这样一个人，她在创业期间所吃过的亏，所经历过的失败，无一不是因为她自我认识不够。

英子在大学时，就通过创业赚到了一百万，这一百万让她体会到了创业的甜头，但同时也冲昏了她的头脑，让她认为运营一家公司和开个小买卖差不多。所以前三次创业，她都以失败告终。折腾了一通，资金和精力都赔进去不少。心生退意的她，打算开一家小店度过余生。

她的选择是"小而精"的绘本馆，因为投资少，运营简单，她很快就积累了大批的用户，具备了做"线上"的优势。英子趁着这个机会，在线上开启了"用绘本启蒙儿童英语"的直播，一下子就吸引了五万多粉丝。英子立刻建立了社群，然后在社群里推荐一些绘本和点读笔等产品，每个月在线上卖货的收入远远超过了绘本馆的收入。可以说，英子在互联网运用和个人品牌方面，是极具天分的。

如果她一直按照这个方向发展下去，或许可以赶上"直播带货"的风潮，成为母婴产品类的大V，但她却把视线转移到了教育培训上，并天真地认为，以她的知识和能力，做成连锁的教育机构，那是易如反掌的事情。于是，她将绘本馆变成了培训机构，不但开了分校，还做了国际幼儿园。这个期间，很多她从来没有做过，甚至没有接触过的事情，她都一一做了尝试。

比如：从来没有搞过装修，但机构的设计和装潢，都是她自己出图纸，找工人，甚至跑建材市场比价采购；从来没有运营过线下门店，也做了；从来没有管理过外教团队，也亲力亲为了；还第一次硬着头皮上阵，去设计儿童课程……她自认为自己学习能力很强，做事也绝对够拼，而且经历过三次失败，但最终等待她的，依旧是失败。

事后，英子对这次失败进行复盘，她发现她最大的错误，就是对自我认知不够清晰。明明更擅长互联网运营，却偏要去挑战线下实体店；因为做一家小店铺的能力绰绰有余，就错以为自己有能力去胜任CEO的活。

很多人创业失败，就失败在此，对自己没有清晰的认知，认为只要自己敢想敢拼敢付出，就一定能成功。事实上，想要创业成功，光有野心和耐心不行，还得有不偏不倚的自我认识。

日本"经营之神"松下幸之助曾说过："人生成功的诀窍，在于经营自己的个性长处，经营长处能使自己的人生增值。否则，必将使自己的人生贬值。"那么，正准备创业的人士，都需要具备哪些自我认知呢？

1. 认清自己的实力

很多创业者对自己缺少清晰的认知，他们创业往往是看到什么火，就去干什么，自认为什么好做，就去做什么了。尤其是一些大公司出来的高管，以为在大公司做出来的成绩，就是自己的实际成绩，于是信心满满地走上了创业之路。最终等待他们的是什么呢？是失败。

在大公司做出来的成绩，很大程度上，有公司为你提供平台。如若离开这个平台，你是否还具备相对应的实力呢？这需要你认清自己的真实实力。

因此，在决定创业前，创业者要做的第一件事，便是正确评估自己的实力，彻底梳理自己的一切资源和条件。其中，软实力包括你掌握的知识和信息；家族成员的工作、人脉、资源；可利用的朋友资源；个人社会人脉以及建立起来的信任感、声誉。硬实力包括物质财富、负债与否、学历、专业技能、特长等。只有了解自己到底拥有什么，才能更好地找到正确、合适的目标。

2. 认清自己的爱好和特长

在选择工作时，做自己喜欢的工作你会更加努力，做得更好。创业也是如此，你喜欢什么，你能干什么，对于开创一家公司至关重要。所以，在决定初创公司的发展方向时，请一定先认清楚自己的爱好和长处，在潜力市场和主观兴趣之间，永远优先选择主观兴趣项目。在兴趣和擅长之间，选择去做自己擅长的事情，去赚自己容易赚到的钱，而不是头脑一热，去做自己想做却并不擅长的事情，就好像你明明擅长游泳，偏偏要去参加跳远比赛。我们可以在创业过程中挑战自我，但不要盲目地挑战自我。

3. 认清自己的追求和价值观

认清自己的追求和价值观，包括你内心深处的愿望、想法、目标和对未来的憧憬。同时，无论你的价值观和追求是什么，一定要清楚随着时间的推移它们也在不断发展。时刻保持清醒，去察觉它们的变化。

当我们自己对自我认知有了深刻的了解后，我们就不会贸然地盲从创业，而是非常有条理地进行创业，那将大大提高我们创业成功的概率。

○ 脱掉"孔乙己"的长衫，别被学历禁锢

很多朋友认为，自己名校毕业，所以创业也要选择"高大上"的行业，这样才与自己的身份匹配，才对得起自己读了那么多年的书。学历，这两个字禁锢着许多创业者，让他们高不成低不就，在现实与梦想的巨大鸿沟间反复横跳；让他们难以"屈尊降贵"，踏踏实实从零做起。

创业最忌讳的事情，就是太拿自己当回事。反观那些不拿自己当回事的人，即便是跌入了事业的谷底，也能凭借着一身"厚脸皮"触底反弹。罗永浩的锤子科技失败后，为了还债，他走上了直播带货的道路。这一举动就像是一个公司的老总在街上摆地摊一样，嘲讽的声

音接踵而来。结果是什么呢？罗永浩靠着"卖艺"还清了债务，并且能够继续做他想做的事情。

我们的性格、学历、资历、能力等，这些能被别人看到的，都是标签，都是外在的"长衫"。这些长衫既成就了我们，帮助我们做好了许多事情。但也禁锢了我们，把我们放在了"一个台阶"上，甚至让我们"下不来"。而创业需要"弯下腰"，需要放下身段，需要脱掉"孔乙己"的长衫，需要挣脱一切束缚。

陈丽毕业于国内名牌大学，在大城市打拼了两年后便结婚生子。孩子上幼儿园后，陈丽曾试图回归职场，但专业性质导致她需要经常出差，考虑到孩子还小，陈丽最终决定自己创业。

产生创业的想法很简单，几乎是一瞬间的事，但究竟干些什么呢？这时，陈丽在小区的业主群里发现，隔三差五就有人在群里寻找保姆，要么就是看小孩儿，要么就是照看老人。甚至有的要求很简单，就做好一日三餐就行。仅仅做三顿饭就能挣钱？陈丽忍不住打听了一下，发现需要做饭保姆的家庭不在少数，但这样的保姆却不好找。别看只做一日三餐，但要花费的时间却不少。工资要高了，雇主不合适；工资要低了，保姆不合适。

了解到这一现实后，陈丽头脑中萌发出一个想法，做一个保姆食堂。但当陈丽与家人商量这个想法时，却遭到了家人的强烈反对。

家人的态度给了陈丽重重一击，她也曾犹豫。想到自己大学时每天辗转在图书馆和实验室的路上,她也曾幻想自己能够为人类社会做巨大的贡献,最不济也能成为光宗耀祖的那个人。但如果决定做"保姆食堂",那以后她就成了别人口中"打饭的大妈",她以往的学识和经历,全都会无处安放了。

但现实是,发现一个商机并不容易,并且并不是所有的商机都是光鲜的,好的产业中早已有人独占鳌头,又想要名又想要利,可不是一件容易的事情。最终陈丽决定抓住这个机会,她先是选择了一个老年人比较多的小区,并从物业手中租下了两间房,改造成了大食堂。然后雇了三名阿姨,两名负责做饭,一名负责打饭,陈丽负责收费和打下手。

不到一个月的时间,食堂就正式营业了。因为食堂的饭菜营养均衡,食材新鲜,价格合理,很快陈丽的"保姆厨房"就火了。那些身体不好自己做不了饭的老人,那些下了班来不及做饭的年轻人,还有那些放了学没人做饭的学生,都成了陈丽的顾客。

有人看到陈丽的成功,也跟风办起了"保姆食堂",面对竞争对手的来势汹汹,陈丽毫不慌张。她利用自己工作时积累下的人脉,迅速推出了会员充值业务,不但吃饭能打折,而且每次消费只需要刷饭卡,这不但稳固了客户群,还提高了结账效率,更方便了那些不太会手机支付的老人和孩子。

创业,就是一次从零开始的全新旅程,你过去的身份、过去的成绩都已经成为过去时，如果你不能忘记过去，还躺在过去的辉煌上流连忘返，那必定会错过很多机会。不要在赚钱这件事上附着莫名其妙的道德优越感和价值评价，甚至也不要有太多的负面情绪，赚钱就是个"活儿"，想着怎么把事儿干好、把钱赚到才是最重要的。

1. 学历依然重要

脱下"孔乙己"的长衫，并不意味着学历、经验就不重要。相反，学历、学识以及过往的经验十分重要。有调查显示，在成功的企业家中，高学历占据了70%左右。没有一本书是白读的，学习增长的是知识，也是眼界，所以学历高的人创业，更容易规避一些陷阱。要知道，学历高不是错，错的是因为学历高而低不下头，弯不下腰。

2. 看轻自己，是为了更好的学习

人最忌讳的是就是"一瓶子不满，半瓶子晃荡"，所以才要时时清空自己，用归零的心态去学习。无论什么学历，都不能保证曾经学过的知识可以用一辈子。"活到老学到老"，不沉浸在过去的辉煌中，是为了让我们拥有更加谦虚的心态，在现实中学习，在时代中进步。

罗曼·罗兰说："世界上只有一种真正的英雄主义，就是看清生活的真相后依然热爱生活。"这句话用在创业中也依旧合适，真正的成功者，是在天空翱翔之后，依旧愿意脚踩黄泥。

○ 成功可以借鉴和学习，但不能照搬

俗话说："读万卷书不如行万里路，行万里路不如与成功者同步。"因此，很多创业者在看到别人创业成功后，便想要如法炮制，复制他人的成功道路，从而也走向成功。

或许有的成功可以复制，但创业成功这事，却无法复制。因为创业是一件"能力决定下限，运气决定上限"的事情，除了个人的能力外，还有天时和地利。也就是说，创业是有风险的，而风险是可控范围内的不可控因素。创业者可以通过自身能力去控制风险的产生，或是降低风险，但无法完全规避风险的产生。风险意味着变化，如果你不想动脑，只想照搬别人的成功经验，那风险绝对很大。因为每一个

公司的成长都是复杂的、有机的，有一部分运气在其中，甚至有些危险是当事人都没有察觉，却侥幸通过了的，这样的经历如何被拆解和分析呢？又如何能完全复制呢？

小蔡和朋友一起做了一个创业项目，公众号的运营方面取得了巨大的成功，仅仅是用户方面就众筹1200万元人民币。手握着这样一笔巨款，小蔡准备去开发一款APP来支撑运营kol、粉丝两类用户，以及kol和粉丝之间的关系的时候，她借鉴了好几个知名的APP产品，这些APP产品几乎涵盖了小蔡想实现的用户模式的所有功能。

然后，别看这些APP很成功，但小蔡却失败了。因为小蔡复制的是成功的结果，这结果之前的迭代进化过程她根本就不了解。就拿她复制的一条起量优质的投放计划来说吧，从结果来看，两条计划是一模一样的。但这条计划之所以变得这样优质起量，中间是经过了优化师多次调整优化的，有可能是在计划的提审和开启在时间点上做了一些变化；有可能是在某几个媒体位投放后，在一定时间对媒体位再做了取舍；还有可能是在创意分类方面做了一些微调，这些微调有临时增减之操作……

小蔡只复制了结果，却不懂结果背后的思考逻辑。这就导致她在面临"变化"时束手无策，只能以"不变"应"万变"。外部局面都变了，内部结构还是一成不变，那怎么能成功呢？

有了这一次的经验教训，小蔡再也不相信那些"成功可以复制"

的话语了，也不会再亦步亦趋跟着成功者的脚步走了。因为她明白了：即便是同行的两家公司，在同样的社会背景下建立，也是完全不同的两个生命体。就像是人一样，同一个爹妈生出来的孩子，吃一样的饭菜长大，接受一样的教育，就算是长得一模一样，那性格也绝不相同。

我们看懂了拼多多的成功模式，现在去复制拼多多的模式，不一定还能成功；我们学习了巴菲特的炒股经验，却不见得能成为下一个"股神"，我们能复制的永远是模式，复制不了的是成功者的认知和思维，而认知和思维才是建立模式的根本。因此，简单地把别人的经验和方法复制过来，很难取得成功。尤其是那些看起来简单易复制的成功经验，越是简单，越容易漏掉系统中影响成功的其他因素。

那么成功者的经验是不是就完全没用了呢？当然不是。成功的经验不能复制，但却可以学习和借鉴。

1. 学习前，需要具备系统的思维

当你学习别人的成功经验时，一定要全面系统地思考和借鉴，不能片面地复制。从多个角度去研究别人的成功，而不是从单一的视角去思考，才能看问题才能更全面、更具体。比如：你看到别人开了个店十分成功，想学习这个成功的经验时，不是照猫画虎地去开一家一模一样的店，而是思考人家开这家店的时间是什么时候？是否赶上了

最佳风口期？对方具备怎样的优势？是资金实力强大？还是营销推广能力极佳？还是店铺定位精准？……全方位多角度地分析过后，再对照着自己的实际情况进行调整，这样才能在学习和借鉴中增加成功的概率。而不是盲目地听从了"站在风口上猪都能飞起来"，就天真地以为自己抓住了风口就能成功。

2. 学习时，需要慎重考虑边界和条件

复制和学习别人成功的经验、方法和理论时，一定要慎重考虑其适用的边界和条件，因为有些方法和理论都是有其特殊的适用条件的，而不是放之四海之内皆可以。就好比，你看到线上书店做得不错，便用同样的方法去经营线下的书店，那大概率会失败。因为线上书店可以容纳和展示无数本图书，但线下书店的容量和展示空间却是有限的。每一种成功的背后都有其适用边界和条件，适合他的不一定适合你。同样，适合你的也不见得适合别人。

3. 学习后，需要时常练习和使用

学习和借鉴别人的成功，只是第一步——学，当你明白了道理和知识后，接下来要做的就是时常练习和使用，也就是实践。学会了却不练习，最终也只是学个皮毛，这也是多人在学习和借鉴别人成功的经验和方法后，自己不能成功的一个重要原因。虽然别人的经验和方

法有一定的适应边界和条件，不见得能够完全适合自己，但是只有在实践中才能发现这些问题，进而不断完善和修正，才能够找到适合自己成功的方法。

《礼记》中说："博学之、审问之、慎思之、明辨之、笃行之。"当我们复制和借鉴别人的成功经验和方法时，不要全盘照搬，简单复制，而是要系统考虑，看清其适用条件和边界，最后还要多多实践。

○ 保持空杯心态，始终在学习

创业，就是进行商战、信息战，如果你对所处的环境不了解，对市场需求不了解，那在运营和开展营销活动的时候，无法做出正确、科学的判断和决策。而那些能够在创业这条路上越走越成功的创业者，很大程度上是因为他们见过别人没有见过的，理解了别人理解不了的，甚至知道别人不知道的。能做到这一点的前提，就是有知识。

万科企业股份有限公司创始人王石，可以说是最爱学习的企业家了。在他年逾花甲时，毅然前往国外知名学府游学。当他身处陌生的语言环境，为了早日融入到环境中，他每天背单词、啃课本。常常要学习到凌晨两三点才能躺下，第二天还要早起去上课，那是一段地狱般的日子，但王石坚持了下来。那段学习经历不但开阔了王石的思维和眼界，让他带领企业一路披荆斩棘，也让王石更加乐观豁达、充满智慧。

但对于成年人来说，学习很难，一方面是"惰"，一些人认为自己"日理万机"，没有时间学习；另一方面是"傲"，一些人处在"自以为是"的状态下，认为自己吃的盐比别人吃的米都多，在没有自我意识和自我驱动的情况下，谈学习这件事真心不容易。

这就是典型的固定型思维，看所有的事都是固执己见，不学习也不接受新事物。如果打算碌碌无为过一辈子，可以这样，但创业者不行。创业者，必须把自己培养成具有成长型思维的人。以便能够掌握新情况需要获取新的资讯，而驾驭新情况需要新技能、新视角。

刘晓鹏毕业于一所普通的大学。他非常喜欢烘焙，喜欢尝试新的食谱和制作方法。在大学期间，他就经常给同学们做蛋糕和甜点，受到了很多人的赞赏和鼓励。毕业后，刘晓鹏决定将自己的兴趣转化为事业，于是创办了一个小型的烘焙工作室。

但爱好是爱好，事业是事业，当将爱好作为一项事业去经营时，原本知道的那一点点知识，就有些不够用了。刘晓鹏首先学习了管理和运营一家小企业的知识，学着寻找合适的原材料供应商，学着与客户建立良好的关系。同时，他还要学习营销，用来宣传自己的产品，吸引顾客。

那段时间，刘晓鹏每天睡不够六个小时，常常在店里忙碌到深夜后，回家还要再看两个小时书再睡觉。经营了一段时间后，刘晓鹏渐渐有了固定的顾客，月收入实现了过万。但他没有满足于此，春节大家都休息了，他却给自己报了一个烘焙培训课程，学习了如何设计更吸引人的蛋糕和甜点。回来后，他便开始改进自己的产品，无论是味道还是外形，均做出了提升。

当烘焙工作室得到越来越多的支持和认可后，刘晓鹏扩大了经营规模，招聘了一些员工来帮助制作和销售产品，还开设了在线订购服务，方便顾客购买。

如今，刘晓鹏的烘焙工作室已经成为当地知名的品牌，正在准备开设分店，并实行全国加盟制。刘晓鹏比以前更忙了，他发现经营的规模越大，需要学的知识就越多。比如现在，他虽然不再需要学习如何烘焙，但需要学习管理，需要学习运营，还需要学习如何提升服务水平。真应了那句"学无止境"。

学习的威力巨大，但学习不是一蹴而就的事。"学"和"习"，这既是两个动作，也是一套闭环。"学"是为了知道，是对知识的获取；而"习"就是对思考和认知的实践和应用。创业者在学习的过程中，要先成为一个思考者，再成为实践者，把所学的知识运用在工作中，内化为自己的理解，再去不断拓宽自己的认知边界、完成进化，这样方能学以致用。对于创业者的学习，主要分几方面：专业技能、商业思维和社会认知。

1. 通过学习，提升专业技能

提起专业性，可能很多人会说："可以请专家来做呀！"但对于在专业领域里的思考这件事，专家和创业者有太多不一样。创业除了选方向、定规划、做执行之外，还需要长期沉浸在一个领域里才能够产生某些灵光一现，而这些关键时刻的关键思考，靠的就是专业底蕴做支撑。而对于专家来说，他们只会考虑如何将专业的事情做得更好，至于市场发展如何，市场更需要什么，专家是缺乏这方面的敏锐"嗅觉"的。

因此，创业者永远不可能当"甩手掌柜"，专业的事情确实要交给专业的人来做，但作为创业者却不能不懂专业。就像乔布斯一样，乔布斯或许不懂得如何制造一部手机，但是他不能不懂手机，否则专业人员做出了，他都不知道，专业人员随便糊弄他，他也不清楚，他怎么能将苹果做成世界第一的手机品牌呢？

2. 通过学习，培养商业思维

如果让你第一次下厨，让你做一道"西红柿炒鸡蛋"，你觉得是否需要学习一下呢？很多人会觉得"多此一举"，没吃过猪肉还没见过猪跑吗？西红柿炒鸡蛋，这么简单的两种食材，还需要再学习吗？如果你也这样想，那你错了。如果你抱着这种思维去创业，大概率会以失败告终。因为即便是简单的鸡蛋炒西红柿，也需要技巧才能做得好吃。炒菜这么简单的事尚且需要学习，更何况创业这么复杂的系统呢！

对于大部分人来说，如果没有经过系统性的学习，很难说自己天生具备商业思维。所谓商业思维，一是理解商业的基本原理；二是具备销售的视角和思维。商业思维需要系统地学习，这里两三句话无法全面概括，建议创业者找相关书籍进行学习。

3. 通过学习，提升社会认知

社会认知包含很多方面，对创业息息相关的社会认知包括看社会的视角和人际交往的技巧。这两者分别对内和对外，对内是要求自己持续学习，不断提升自己看待问题、解决问题的能力；对外则要求自己换位思考，能够站在他人的角度去看待问题，分析问题。

创业，是一条没有尽头的路，在无限拓展的道路上，创业者想要走得更远，站得更高，就要持续学习，这是创业者取得成绩的基本功。只有学习，才能让你不被这个时代抛弃，只有学习才能拓展见识，提升认知。否则，在瞬息万变的时代，最终干掉你的可能不是你的竞争对手，而是面对未来依旧故步自封的自己。

○ 有钱没钱，都不影响你创业

当一个人准备创业，他所遇到的最大的问题是什么呢？相信很多人都会回答"钱"。有钱才能创业，这是很多人根深蒂固的想法。甚至会认为没钱还想创业，那简直是天方夜谭。创业确实需要资金，但不意味着没钱就没办法创业。在互联网如此发达的今天，钱恰恰是创业者最不需要担心的问题，只要你善于利用互联网，能够在互联网中展现出你卓越的想法和出众的才智，就能够借助互联网这个平台，开启自己的创业人生。

创业就是从零开始创造一番事业。马云曾说过："开始创业的时候，谁都没有资金，就是因为没有资金，我们才要创业。"创业初期的马云，确实遭遇过资金不足的情况，还因此被他人嘲笑过，但马云用自己的事迹证明了，没有钱一样可以创业。

马云曾经是一名老师，每个月工资只有100元。后来他辞职开始创业，跟几个朋友一起创办了一家翻译机构。创业初期，整个翻译机构的月收入只有700元，而房租却需要2400元。

为了维持翻译机构的运营，马云做起了小买卖，先是在街头推销黄页，后来又四处推销小商品，整整三年的时间，翻译机构就靠马云推销小商品勉强维持。直到1995年，翻译机构才开始盈利。

这时，马云到美国参观了一个朋友创办的网络公司，在见识了网络世界的神奇之后，马云看到了互联网行业的发展前景，立刻决定回国做互联网公司。这个时候的马云依旧没有钱，为了筹集资金，他卖掉了翻译社的办公家具，又东拼西凑了一番，才凑够了8万元作为启动资金。再后来的事情，大家都知道了，马云创办了阿里巴巴，并让阿里巴巴成为了世界上最大的电子商务公司。

创业初期的马云，可谓是"身无分文"，也正是因为身无分文，才让他"穷则思变"，在一次次陷入绝境时，绞尽脑汁地想办法"突围"。如果当初的他资金雄厚，那恐怕也没有如今的阿里巴巴了。那么，我们如何像马云一样，在缺少资金的情况下创业呢？

1. 学会整合身边的一切资源

资源在创业过程中，占着举足轻重的地位，你可以没有资金，但不能不懂得整合资源。那些白手起家的创业者，都有一个共同的特点，那就是擅长整合资源。这里的"资源"，并不局限于你所拥有的资源，而是放眼整个社会，一切你可以利用起来的资源，都可以成为你的资源。比如：借助社交媒体做品牌宣传，提升个人的影响力；借助亲戚朋友的经济实力，有钱大家一起赚……只要你善于寻找和挖掘，网络平台、社交媒体平台、合伙人等，都能成为你的可利用资源。

当然整合资源这事并不容易，就像打太极拳一样，要学会借力打力，同时也要有足够高的情商，才能够让他人心甘情愿与你资源共享。

2. 用体力缩小差距

大部分行业都需要一定的启动资金，但有一些行业却不需要启动资金，比如：服务、信息……服务就是出卖体力，有人做收纳师一个月都能赚个十来万，但是绝大多数人都不知道收纳师的工作内容，更别说从这方面创业了；有人靠做培训，月收入也能达到一两万，一样可以成为创业的方向；还有人做网络直播，只需要一间屋子，几部手机，一个麦克风，就可以开始创业。

不过，虽然靠力气创业不需要太多的资金支持，但却需要创业者拥有敏锐的商业嗅觉，拥有分析市场的能力，才能在缺少资金的情况下，走上白手起家的道路。

3. 以智力资本换取效益

如果你要钱没钱，要人脉没人脉，又不想靠出卖力气创业的话，那你就只能"武装"自己的大脑，提升自己的"智力资本"了。当你的智力和学识、能力等融合程度越高、越紧密，所产生的效益就越高，所体现出来的价值就越大。比如：你凭借着自己的智力和知识体系拥有了其他成员无法获知的信息，就在市场活动中处于绝对优势地位，从而可以轻松地从交易当中获利。

有钱去创业，那叫投资，没钱去创业，才叫真正的创业。或者说，创业的目的，就是为了挣钱，为了突破现有的经济局面。因此，如果你想要创业，你最应该考虑的问题，绝对不是资金的问题，资金在创业所遇到的种种问题中，是最不能算问题的问题。

○ 创业，就是不断试错的过程

很久以前，有一首歌，歌词中唱到"不经历风雨，怎么见彩虹，没有人能随随便便成功"。这句歌词用来形容创业的过程再合适不过。在创业过程中，即便是身经百战的创业老手，也会有认不清局势，做出错误判断的时候，更不要说创业新手了。

现实生活中，不管企业还是个人在事业上获得成就，都是通过不断的试错来寻求方向的，在实践和市场中不断试错寻求痛点，找到方向。

周鸿祎第一次创业，是售卖杀毒产品。当时的电脑很容易感染病毒，周鸿祎觉得这是一个机会，便跟朋友一起，蹭着学校的电脑制作出了杀毒卡。然后在学校张贴售卖广告，一下子就卖出了十几张。然而，他还没来得及高兴，就有人找上门来。原来杀毒卡买回去后，跟用户的电脑不匹配，甚至出现了无法开机的情况。周鸿祎的售前才刚起步，就做起了"售后"，有时候还要一边修电脑，一边忍受着用户的责骂。失败感就犹如洪水猛兽一般，但却没有淹没周鸿祎。

这一次的失败，让周鸿祎见识了商业世界的残酷，他决定直接把产品卖掉，不再自己做市场了。他本以为这是一条"康庄大道"，结果现实却更加残酷，光成本就需要50元的杀毒卡，代理的批发价只给到99元，并且爱卖不卖。周鸿祎只能向现实低头，终于挣回来一些回笼资金。

可面对这些钱时，周鸿祎和朋友间出现了分歧，朋友认为代码是自己写的，有钱了就应该发工资。而周鸿祎认为，他们应该用这笔钱买书、买电脑、拷软件，进一步向前发展。因为分歧，周鸿祎的创业脚步暂时停滞了下来，同时也让他认识到了人与人之间复杂的利益和心理。

管理上存在的问题还未能解决，产品上的弊端也出来了。由于杀毒卡是硬件设施，无法更新迭代，很容易被替代，没持续多久，周鸿祎的第一次创业，就以失败告终了。

没过多久，中国开始出现了汉化软件，由于当时知识产权的概念很弱，很多软件都是直接将外国的软件汉化，以此来牟利。周鸿祎再一次看到了机会，他拉来几个同学，开始了自己的第二次创业。这一次他运气比较好，遇到了"天使投资人"一下子给了他几万块钱，还提供了办公场所。有了钱，有了场地的周鸿祎，觉得自己能够大干一场了，他高薪聘请了几十个销售人员，头一天开会，第二天大家就坐着火车出门卖软件。

这个过程中，有人发现这些软件就是做了汉化而已，自己也会做，于是干脆将软件换了个名字，自己出去卖。看似红红火火的场面，实际一团乱麻。周鸿祎的第二次创业，再次以失败告终。

之后，周鸿祎又连续遭遇了两次失败，才实现了真正意义上的创业成功，创立了360公司，让360杀毒软件走进了千千万万台电脑中。

没有人天生完美，也没有人总是幸运的，在创业路上，即便是商业大佬也会面临失败。而那些在创业路上取得辉煌成就的人，也是经过许多挫折和低潮之后，总结教训和经验，才有了最终的成就。

失败并不可怕，在你刚起步时经历一些挫折，犯一些错误，遭遇一些失败，反而是好事。如果你擅于从失败中吸取经验，那么这些失败的经历，会成为你的垫脚石，帮你一步一步走向成功。

1. 接受失败，面对失败

在创业路上，如果耻于谈论失败、害怕失败，只崇尚成功的话，那便难以取得真正意义上的成功。因为在创业中，失败难以避免，甚至是一种常态。只有做到坦然面对失败、才能接受失败，从而解决失败，最终放下失败。

虽然没有一个人愿意经历失败，却不得不在决定创业的那一刻起就做好迎接失败的准备。这不是一种消极的心态，而是一种迎难而上的决心。要知道，失败并不是成功的对立面，而是成功的一部分。面对失败，就如特斯拉创始人埃隆·马斯克所形容的那样——"一边嚼着碎玻璃，一边凝视深渊"。

2. 从失败中总结经验

古人云："吃一堑长一智。"一次痛苦的经历抵得上千百次的告诫，一次失败的经验可以从中学会数不尽的道理。没有人能随随便便成功，也没有人会无缘无故失败。从失败中找出原因，找出改建的方法，就找到了重新来过的道路。况且，虽然是失败，但这个过程中，积累的人脉、资源、经验，也是一笔宝贵的财富，都将成为你未来成功的助力。

3. 学会释怀，看淡失败

有人会觉得失败了很丢人，尤其是在遭遇了一些流言蜚语，挖苦讽刺时，这种感觉就会更加强烈。这个时候，你要学会释怀，看淡失败。失败不可怕，沉浸在失败的痛苦中无法自拔，无法重振旗鼓才是真的可怕。失败了再站起来，那便不叫失败，那叫尝试；失败了站不起来，那才叫真正的失败。

　　创业就是一件摸着石头过河的事情，对于在创业路上的人来说，必须要具备非凡的勇气和毅力。纵使遭遇挫折，也能摆正心态，学会观察，然后重新洗牌、重新调整，依旧心怀目标去面对种种困难。

从 0 到 1 学创业模式

第 2 章
CHAPTER 2

想要跑得快，
就要选择合适的赛道

创业第一步迈向哪个方向？至关重要。方向，就是创业时的赛道，是创业项目聚焦的创业方向和细分领域。选错方向，南辕北辙，努力越多，错误越大；选对方向，才有可能抵达梦想的彼岸。所以，对创业者来说，努力非常重要，但选择比努力更重要。

○ 你找到的"痛点",是否真的够痛

做什么最容易成功?做什么最容易挣钱?这想必是每个创业者都在思考的问题。确实,在创业这条路上,有时候选择大于努力。对于正准备创业的朋友来说,最重要的事情,并不是先筹集多少资金,积累多少人脉,而是先找到社会"痛点",因为有"痛点"的地方,才会有商机。

每个人都有痛苦,这些痛苦包括身体上的和心理上的。比如:买一件毛衣,衣服起球,穿着不舒服,这就是身体痛点;身材走样,穿上显老,这是心理痛点。这些痛苦是消费者在使用产品或是服务过程中,所产生的更高、更挑剔的需求,而当这些需求长久得不到满足,

就会产生心理落差，并渐渐聚集到一点，成为消费者负面情绪爆发的原点，让消费者感到"痛"。问题越多，人们越痛苦；痛苦越大，人们的需求就越迫切。所以，找到了人们的痛点，也就抓住了人们的需求。但是，你找到的痛点是否真的够"痛"呢？

张博士并不叫张博士，而是因为他喜欢发明创造，朋友们都叫他"张博士"。有一天张博士在上厕所的时候，溅起了马桶中的水，弄脏了身体和衣服，张博士灵光一闪：厕所溅水，这是几乎所有人都会遇到的难题，如果自己能发明一款不会溅水的新式马桶，那不是很有市场吗？

之后半年多的时间里，张博士每天不是绘图，就是改造，终于发明出了一款不会溅水的马桶，这种马桶上有一款红外线装置，只要感应到有物体掉落，马桶中的水就会呈旋涡状，不但不会溅水，还会在第一时间将物体吸入水中。

然而，当张博士拿着这款马桶去找投资人投资时，却屡屡碰壁。原因很简单，虽然溅水这个问题人人都会遇到，但这个问题很好解决，只需要事先扔一张厕纸到马桶中，就能完美地解决溅水的问题。

说白了，就是这个"痛点"不够痛，不是没有办法解决，也没有到让人无法忍受的地步。不够痛的痛点就不能刺激人们购买，没有购买行为就没有市场，没有市场就没有发展前景，没有发展前景自然找不到投资人。

那如何寻找真正的痛点呢？可以从两大维度去寻找，一是紧急，二是强弱。即越紧迫、需求越强的痛点越有市场，也越容易合作或成交。

在这个基础上，那些让用户愿意花更多钱去解决的问题，就属于差异化痛点。比如：滴滴出行解决的是用户的核心痛点，当这个核心痛点被解决后，有的用户更加追求性价比，有的用户更加追求服务水平，他们愿意为了满足这些需求支付更多的费用，这就产生了差异化痛点，于是其他种类的打车APP就出现了。

不过需要注意的是，人们的痛点并不是一成不变的，随着技术、市场、生活、产品等发生变化，痛点也会产生不断的变化。因此，在寻找痛点时，要紧跟时代发展，去关注最新产生的痛点。

最初人们使用有绳电话，但是拖着电话线，人们只能站在一个地方打电话，这时候要想干点什么，就只能选择将电话放下。于是无绳电话应运而出，紧接着大哥大出现了，不但无绳，而且还有信号，可以带着天南海北地跑。因此，即便大哥大十分昂贵，但仍旧被人追捧，因为大哥大解决了人们出门在外无法及时联络的痛点。

但当这个痛点解决后，新的痛点就出现了，大哥大太大，携带不够方便，于是小巧的手机出现了，并且随着科技的发展，手机越来越小，苹果公司推出的第一代iPhone屏幕只有三点五英寸，整个手机大概和人的手掌差不多大小，大大解决了手机不方便携带的痛点。

然而，随着人们需求的不断升高，手机不仅仅是联络工具，还成了人们闲暇之余打发时间的工具。这时，屏幕太小便成了新的痛点。于是，现在的手机屏幕越来越大。

可见，痛点不但会不断改变，还会在真假痛点之间不断转变。要想找准痛点，还真需要我们不断更新大脑，紧跟社会发展的脚步前行。

不过，找到了真的痛点，并不意味着万事大吉，解决这个痛点才是更为重要的一步，或许你可以凭着丰富的经验，敏锐地观察发现许许多多个痛点，但是却没有找到有效的解决方式，那这个痛点也仅仅是被"发现"了而已，并不能成为你创业要走的路子。

要使这个痛点变成一条创业之路，在发现痛点后，就要寻找相应的解决方案，并且是切实可行的解决方案。这需要创业者具备创新思维和实践能力。例如，针对某个痛点，我们可以通过研发新技术、优化生产流程等方式来实施解决方案。在这个过程中，我们需要不断测试和调整方案，以确保解决方案的有效性和可行性。同时，还需要通过对比实验、用户反馈等方式来评估解决方案的效果，以便及时调整方案。

优衣库的创始人柳井正曾说过："经营的本质就是遇到矛盾，然后解决矛盾。所有伟大的创新都是完成不可能的使命，在不可能之河上架起一座桥。"痛点就是矛盾,创业者最重要的力量,就是发现痛点,解决痛点。谁能抓住社会存在的真痛点,并解决这个痛点,谁就能成为整个市场的佼佼者。

○ 社会刚需，更容易让你挣到钱

所谓刚需，就是刚性需求，没有它，事情就没法往下进行的需求。比如：某人要结婚，那么一套房就是他的刚需，无论价格高低都得买。如果已经有房，但想要改善住房条件，这时候便可买可不买，等价格合适再买也行，这就属于非刚需。

显而易见，凡是刚需的东西就存在市场，更容易让创业者赢得用户。因此，在选择创业赛道时，想要找到更大规模的市场需求，就要尽量去靠近"大众、高频"的刚需；其次是小众、高频或大众、低频的刚需；再次是小众、低频的刚需。

亚亚夫妻俩厌倦了大城市打拼的生活，便想要回家乡创业。可是干点什么好呢？这让夫妻俩陷入了为难之中。为此，他们每天在小镇上转悠，想要寻找一线商机。转悠了一个多月后，亚亚将创业方向定在"小商品"的领域，因为她发现小县城里有很多"精品店"，但大多面向学生和儿童，如果成年人也想买点精品摆件之类的，那就无处可去。

亚亚想到自己在大城市时，十分喜欢逛精品店，于是便打算开一家面向成人的精品店。这家精品店无论是装修风格，还是商品样式都更加符合成人的喜好，同时价格也相对高一些。亚亚夫妻俩本以为自己开拓了新的市场，结果却经营惨淡，很多人进来看看，看到喜欢的款式便研究把玩一番，转身就去网上搜同款，毕竟同样的款式，网上要便宜得多。

为了扭转局面，亚亚夫妻又从网上高价买来一个咖啡机，然后在店里专门开辟出一小块地方，放了两张小桌子，摆了一排书，营造出了文艺的氛围。并标明每天进店的前五名顾客，可以享受免费美式咖啡一杯。然而，热度仅仅维持了一个星期。勉强支持了一年后，亚亚的精品店惨淡收场。后来这家店铺变成了麻辣烫小吃店，顾客虽然算不上爆满，但一直红红火火地经营着。

分析亚亚夫妇创业失败的原因，首先就在于他们夫妻二人所选择的创业赛道上。这条赛道虽然不拥挤，但是用户群太小。为什么孩子的精品店可以遍地开花呢？首先孩子有学习需求，有社交需求，这些都是他们成长过程的刚需。而对于成年人来说，他们会网上购物，更懂得货比三家的道理。小商品并不是成年人的生活必需品，需要这些产品的成年人，往往更加信赖大品牌，或者更加依赖网络上货比三家的物美价廉的产品。而后来亚亚夫妻做出的改变，也没能抓住成年人的需求，成年人需要社交场所，但不是每个人都喝得惯的美式咖啡，相比较之下，环境优雅安静，咖啡饮品种类丰富的咖啡店，才是更加符合成年人社交需求的地方。

但众所周知，人们的刚需无非衣食住行这几个大方面，那是不是除此之外的行业都是非刚需呢？当然不是，人们除了有生理上的需求外，还具备心理需求，比如：爱美之心、旅游、文学、电影等，对于某些人群来说，这些也可以成为刚需。而我们要做的，就是抓住不同人群的刚需，从人多拥挤的刚需赛道上，开辟出一条通往成功的小路。

陈刚从法国留学回来时，发现中国的西餐厅不太多，而吃饭是人们的刚需，如果开一间正宗的西餐厅，那一定很有市场。打定主意后，陈刚从法国聘请了一名十分出名的厨师，然后又在繁华地带租下了一栋小洋楼，光是装修就花了几百万。很快，西餐厅就开业了，但经营效果却一般般。

首先，西餐厅的整个运营费用使餐厅的消费高于一般小餐馆，愿意来这里吃饭的人群，除了求婚求爱，就是约见重要客户，而这样的场合毕竟是少数。其次，对于不差钱的用户来说，他们也不会天天吃餐厅。因此，有时候一整天才来一桌客人。照这个速度发展下去，陈刚就只能等着"关门"了。

为了不坐以待毙，陈刚每天都在寻找新的发展方向。这天，他又站在餐厅前，想着如何提升餐厅的营业额。正巧遇到中午下班的点，附近的高档写字楼中不断涌出外出就餐的白领们，接着就消失在写字楼周边的各个快餐店中。再看看那些快餐店，装修简陋一般，餐品更是一言难尽。怎么打败这些快餐厅，将白领们都吸引到自家的餐厅中呢？陈刚为此彻夜难眠。

经过几天几夜的琢磨和分析，陈刚终于想到一个办法。对于白领来说，他们并不是不想要优雅高档的就餐环境，而是高档优雅的就餐环境意味着消费不低，偶尔去一趟还行，天天去钱包吃不消。为此，陈刚推出了一款商务套餐，套餐的价格略高于快餐店的价格，但就餐环境却比快餐店高出了几个档次。商务套餐一经推出，就吸引了不少白领前来就餐。一些爱美的女性，还会边吃饭边拍照，照片发到朋友圈后，大大提升了西餐厅的知名度。

之后，陈刚快马加鞭，又连续推出了一些物美价廉的小甜点以及咖啡饮品等，为白领们提供了一个喝下午茶的好地方。就这样，陈刚将西餐厅从倒闭的边缘拉了回来。

吃饭确实是人们的刚需，但在饿肚子的情况下，人们需要的是吃饱，而不是吃好。只有在吃饱的基础上，人们才会考虑价格、味道、环境等因素。因此，吃饱是刚需，吃好却不是，这也是西餐厅一开始走下坡路的原因。好在陈刚及时抓住了白领阶层的需求心理，那便是在吃饱的基础上，如何花更少的钱吃得最好，这虽然不是"大众、高频"的刚需，但是"小众、高频"的刚需，做得好，依旧能够开拓出市场。

因此，刚需与非刚需之间，并没有泾渭分明的分界线。有时候，刚需可以变成非刚需，而非刚需在一定程度上，也会成为刚需。你所选择的创业方向，究竟是不是刚需方向，完全取决于你所面对的用户，以及你是否能够在非刚需的方向中，发掘出刚需的角度。

○ 别只看"行情"，还得考虑市场规模

作为一个创业者，尤其是初期创业者，都会经历这样一个迷茫期，市场五花八门，行业千奇百怪，如何选择一个好的市场创业呢？很多人在经过深思熟虑后，会优先考虑符合当下发展趋势的行业，认为随着"大流"走，就算是错，也不会错得太离谱。

这样考虑是没错，但创业究竟是为了什么呢？如果是为了梦想，那就更应该去做跟兴趣有关的行业；如果是为了赚钱，那就不能仅仅是顺势而为，还要考虑市场规模。

樊登创业时，所做的第一个项目，是MBA（工商管理硕士）的专业培训学校，主要是帮助学生考上名校的MBA。当初的教育培训领域

刚刚被开发出来，可谓是大有可为，樊登也抓住了一部分人的痛点，这个项目也确实赚到了钱，但最后却进行不下去了。

究其原因，就在于MBA的市场规模太小了，全国的MBA考生加起来，也不过一两万人，就算每人收一万块的学费，最终也就赚一两个亿。所以，即便当初樊登已经将培训机构的升学率做到了业内第一，辛辛苦苦一年下来，也才挣几百万。这跟当时高达千亿的人工智能和大数据市场相比，简直少得可怜。

无论是股东们，还是员工们，都期盼着公司能够越做越大，收益能够越来越高。但很不幸，樊登已经做到了天花板，公司只能这么大了，收益也只能这么多了。面对着已经走到尽头的局面，创业伙伴相继离开，樊登陷入了痛苦的挣扎中。继续下去，就得接受公司发展停滞不前的现状；换个行业，又舍不得之前付出的努力和当下取得的丁点成就。

对于创业新手来说，年挣几百万就很值得尝试了。但当你真的在这个市场中做后，你要考虑的就不仅仅是自己的收益了，还有你的合伙人，还有你的员工，你的责任会推着你必须前进。所以，在创业之初，你就要将这个问题考虑进来，你所选择的行业，是否具备庞大的体量。

那么，怎么去判断一个行业市场的体量大小呢？

1. 市场规模分析

市场规模是判断行业是否适合创业的一个重要准则。市场规模的大小，决定了行业的发达程度。进行市场规模分析，听起来十分高大上，实际上没有想象的那么难，你只要能够获取到市场规模数据、会识表就可以了。

比如：你打算做餐饮，就需要通过查询专业数据公司的关于餐饮业的数据报告，将下一年的市场规模与本年度市场规模进行比较，如果增速放缓，你就要考虑是否进入这个行业了。同时，你还要立足整个市场占有率来考量，看看是否已经有领头军占领了绝大部分市场份额，如果有，你的菜品是否能够优于他人的产品，或者你的资金是否比他人更加雄厚，如果二者都落于下风，那你在这个行业中很难闯出一条"康庄大道"来。

因此，通过市场规模分析，你要选择一个市场规模较大、增速较快的行业。那些即将下滑，或者明显处于下滑趋势的市场；那些市场饱和，竞争对手过于强大的市场；还有那些过于超前，研发成本过高，市场极为不成熟的领域；完全无法落地的市场，都不要涉足。

2. 用户规模分析

用户规模，就是会使用你的产品的人的数量。就拿微信来说，微信上已经有超过12亿的用户，这个用户数量已经等于中国网民的数量了，也就是说，微信在社交平台上，几乎抓住了中国所有的网民。这个时候，你如果还想做社交软件，那将是十分巨大的考验，成功率十分低。因此，当某个行业的用户人数已经饱和或被头部品牌把持大部分用户的时候，就不再适合在这个行业进行发展了。

如果你就想在"大鲨鱼"的嘴里抢食吃，那么可以考虑下下沉市场，以及三线以下城市与农村地区的市场，这些地区可能存在着大量的未被开发的用户，会大大提升创业的成功率。拼多多和快手，就是靠下沉市场迅速崛起的。

3. 付费能力分析

用户消费，是创业者赚钱的前提。因此，创业者能不能赚到钱，能不能赚到更多的钱，在于用户的消费能力有多高。所以创业者所选择的创业市场，是否拥有足够消费能力的用户也是重要的评判标准。无论是产品也好，还是服务也罢，必须要了解到用户是否愿意付费，以及能够付多少钱。如果这个行业中的用户付费意愿很强，那创业相对来说要更容易些，挣钱也会更快些。

市场中虽然存在着无数种可能性，但也需要明白，不是每个行业都正是进入的好时机，只有在当下选择有美好发展前景的行业，才能提高创业成功的概率。

○ 对社会有益，就是对自己有益

大部分人的创业热情，都来自于梦想。这个梦想可小可大，往小了说，可以给创业者带来更多的自由，包括工作时间、工作方式、决策权等，这使得人们可以更好地平衡工作与生活。往大了说，可以改变社会的某些方面，提供新的产品或服务，满足人们的需求，或者创造就业机会等，于国家、于己都有益，说不定还可以实现社会重大变革，成为能够在历史上留下浓墨重彩的一笔的人物。

前者是让自己受益，后者是让大家受益。如果你仅仅做到了让自己受益，那你也能赚到钱，但你无法赚到更多的钱；你也能做成企业，但无法做成更大的企业。因为格局不够大。"一个人受益"跟

"所有人都受益"相比，谁能赚更多？谁能成更大的事？显而易见。因此，在创业之初，不妨先想一想，你是要追求让自己受益？还是让所有人都受益呢？如果你追求的是后者，那你就要去做一件对社会有益的事情。

2021年，因为政策、疫情、国际关系等原因，一直以培训为主要业务的新东方，遭遇了几近"灭顶之灾"的挑战。一夜之间，新东方的市值跌去90%，营业收入减少80%，员工辞退6万人，退学费、员工辞退N+1、教学点退租等现金支出近200亿。

这时，很多人建议俞敏洪把新东方一次性关掉。但面对自己一手打拼出来的心血，面对相处了几十年的员工和合作伙伴，俞敏洪从情感上无法割舍掉新东方，同时在现实中也不具备可行性。俞敏洪要么就苟延残喘，慢慢走向"死亡"；要么就放手一搏，或许还能搏出一线生机。俞敏洪选择了后者，他带领着团队转型做电商主播。可网络电商种类繁多，从哪一条赛道入手呢？俞敏洪选择了"助农"。

选择"助农"的原因很简单，一方面农民不易，很多农民种出来的东西根本卖不出去。大量的农产品，都烂在地里。烂在地里，那就是损耗，是浪费，老百姓一年的付出就这样付诸东流了。如果能够在农民与消费者之间架起一道桥梁，农民的问题得到了解决，消费者也能够买到更加放心的产品，可谓一举两得。另一方面，助农是一件利国利民、深得人心的事情。农民的产品有了销售渠道，收入提升了，年轻人愿意回到农村了，那更多的农村儿童就能够在父母的陪伴下成长了。

在这样的初心之下，东方甄选从一开始的无人问津，到后面单场销售额破亿。这场"胜仗"自然有新东方老师们的助力，但更多的是俞敏洪选择了一条对社会有益的赛道。如果没有董宇辉一众优秀的老师，东方甄选可能无法在短时间内爆火，但一定可以走得很长远，因为每个人都是社会的一员，坚持做对社会有益的事情，那必定会对自己有益。

要判断一件事能不能做成，有没有机会赚到钱，是不是对的方向，可以牵扯到很多因素。比如，天时、地利、人和；比如，运气、能力、政策……这其中很多因素，都有很大的不确定性，但是有一个因素，却是一定的，那就是"你能好，是因为很多人希望你好"。

别人为什么要希望你好呢？是因为做的这件事对他有益，当越来越多的人希望你好时，那你想不好都难。

前人人推创始人、CEO刘星辉22岁就创立了一家公司，公司当时估值过亿。然而，身价千万的他，却在风头正劲时停了下来，他开始思考：什么才是创业过程中应该坚守的？当一个项目失败，那些曾经并肩作战的团队离开了；因为模式不对，钱也可能没有了；当整个行业发展不好的时候，可能方向也没有了……自己就好像为了创业而创业的人，做的也只是一个创始人该做的事情。于是，刘星辉卖掉了自己的最后一家公司。

这时，刘星辉接触到了"六六脑"。"六六脑"的创始人是一个顶级脑科学研究所的博士，他的妈妈记忆力不好，于是他研究了这套系统，帮助妈妈提升记忆力，妈妈用过之后，记忆力有了明显提升。刘星辉觉得"六六脑"挺有意思，可以给人带来实实在在的帮助和疗效。后来又得知，创始人做这件事已经七年了，这期间经历了很多磨难，但是想到将来可以帮助更多人，就咬牙坚持了下来。这让刘星辉十分感动，让他忽然找到了创业的意义，于是他加入了"六六脑"。

这一次创业，跟他以往的创业经历不同。以往他只考虑要对股东负责，要对员工负责。但这一次，他更多考虑的是，对他们的用户负责。当看到那些老人们，看病困难，挂号不易时，他就觉得自己对不起他们的生命。有了这份社会责任，他和团队们竭尽全力去改进自己程序，提升自己的服务。

刘星辉的愿望很简单，就是希望他能够踏踏实实将自己所学所得所长贡献给公司，再通过"六六脑"贡献给社会，哪怕这家公司没能成为一家很牛的上市公司，刘星辉也希望它是一家很小但很有用的公司。

现在，刘星辉的想法得到了实现，央视一套《生活圈》栏目在呼吁大众提高对老年人认知障碍早期干预治疗的重视时，面向大众介绍了"六六脑"研发的"认知障碍数字诊疗技术"。这个技术对不同类别的认知障碍人群，特别是改善在阿尔茨海默病临床前阶段患者的认知功能障碍有比较好的干预训练效果。刘星辉做到了让中国千千万万个家庭受益。

你能让越多利益相关者获益，你就有机会得到越多帮助。所以，在创业找方向，判断一件事值不值得做时，选择那件"所有人都受益"的事儿准没错。

○ 做熟悉的领域,能少交点"学费"

俗话说:"隔行如隔山。"尽管社会生活中的各行各业是紧密地联系在一起的,但是每个行业之间存在着许多你看得见与看不见的许多隔阂和区别,每个行业都有其自身的经营之道。如果你在不了解其中门道的情况下,就贸然涉足,那等来的往往是失败。

《塔木德》在其中有这样一个故事:

有一个十分擅长种地的农夫,靠种地过得十分富足。村里人都夸他聪明,还有人断言,他凭借着自己的聪明做生意的话,一定能发财。

农夫听后便动了心,回家便跟妻子说要做生意。妻子认为他种地种得好，并不代表生意也能做得好。可农夫主意已定，妻子见劝说无用，心生一计，以出去生意需要本钱为由，让农夫把家中的一只山羊和一头毛驴牵到城里卖了。说完，妻子就回娘家了，从娘家找来了三个人，对他们嘱咐了一番。

农夫骑着毛驴，牵着山羊出门了。妻子派来人悄悄跟在他的身后，他都没有察觉。路上，农夫骑在驴上睡着了。一个人过来将山羊脖子上的铃铛解下来，系在了驴尾巴上，然后牵走了山羊。

等到农夫醒来后，发现山羊不见了，连忙四处寻找。这时，第二人过来了，热心地问他在找什么。农夫如实道来，第二个人随手一指，说他看到有一个人牵着山羊刚从林子中走过。农夫一听，将手中的驴子交给这个"好心人"看管，自己急着去追山羊。结果，山羊没有找到，驴子也失去了踪迹。

农夫沮丧极了，他边哭边走。走到一个水池边时，看到一个人坐在水池边，那人哭得比他还伤心。农夫便问那人哭什么，那人说他带着一袋金币去城里买东西，结果坐在水边歇脚时，不小心把钱袋子掉进河里了，而自己又不会游泳。如果农夫愿意帮他把钱袋子捞上来，他愿意给农夫20个金币。

农夫一听，喜出望外，心想：得到这20个金币，正好弥补了丢山羊和驴子的损失。于是，农夫二话不说，就跳进了水池，可他在水里寻了半天也没有找到钱袋子，等他两手空空爬上岸时，发现他的衣服、干粮，以及身上仅有的一点钱，都不见了。

当农夫回到家，惊奇地发现山羊、驴子竟还在家中。妻子也回来了，看到他说："没出事前，你麻痹大意，出了事后你又惊慌失措，造成损失后才急于弥补。你连这些基本的风险都预料不到，又怎么能在商海里征战呢？还是老老实实在家种地吧！"

说起做生意，犹太人说排第二，没人敢排第一，即便是如此会做生意的犹太人，也不会轻易涉足自己不熟悉的领域。因为不熟悉，我们只能看到某一行业表面的风光，却看不到其背后的重重困难。或许有人会说："不做怎么能熟呢？"这样的话就是一个美丽的谎言，它很励志，可以鼓励你勇敢地走上创业之路，但它也很不负责任。涉足一个不熟悉的领域，只会被现实撞得头破血流，可看看自己交的"学费"，想想自己所付出的努力，只能擦干血泪继续前进。你可能要兜兜转转许久，才能摸到一点门道，而为了这一点门道，你付出了金钱、精力，还承受着心灵上的摧残。

当然，没有创业是轻而易举的，但是站在巨人的肩膀上会更容易成功。巨人是什么呢？就是你在所熟悉的领域中，深耕了多年后，所积累下的经验和教训。可能是你从小耳濡目染的一切，比如：父母一直做工业制造类的生意，那你一定对此十分了解；可能是你在之前的工作中所学习到的一切，比如：你之前的工作是外贸出口，那么对于这块的内容，你一定相当了解；再或者，也可能是多年来的兴趣爱好为你增长了见识，比如：你很喜欢打游戏，这个过程中你对电子产品的了解，对各种游戏软件的了解，就一定比不喜欢这方面的人更加透彻……你曾经在某一个行业中所付出的时间和精力，早已无形中成为了一笔难得的财富，而这笔财富，就是你唾手可得的创业资本。

现在中国老龄化严重，养老问题是社会上存在的大问题。未来的养老行业，一定是十分具有发展前景的行业，王海梅也看到了这一点。感觉自己的职业生涯已经走到尽头的她，决定辞职下海经商，选择的行业便是养老。

海梅叫来了自己的亲姐姐，姐俩凑了二十多万，在郊区租了一个大院子，盖了几排大小不一的房子，简单地装修了一番后，便开业了。初期，海梅想得很简单，伺候老人嘛，就是做几顿饭，带着遛遛弯，时刻关注下健康问题就好。然而，真正开始经营，才发现里面的门道太多了。就拿最简单的做饭来说，为了老人的健康，养老院的饮食以清淡为主，但是有些老人却觉得伙食太差。偶尔，海梅给老人们做一顿丰盛点的饭菜，又有老人出现消化不良的情况……后来，有一位老人明明有基础病，却隐瞒不说，结果夜里发病，海梅没能及时发现。等发现时，老人已经死亡了。老人的子女以海梅照顾不周为由，向养老院提出天价赔偿。

经此一事后，生意本就不太好的养老院，瞬间一落千丈，海梅的第一次创业，就这样结束了。后来海梅结婚生子，生了孩子后，她便将全部精力都放在了照顾孩子上。孩子成长到两岁后，她已然成了半个育儿专家。这时，海梅再一次决定创业，这一次，她加盟了一家母婴店。

因为自己生过孩子，养过孩子，海梅十分了解宝妈们最在意的事情是什么，那就是孩子用的东西是否安全、健康。所以海梅在选品上十分注意，由于产品质量让人放心，海梅又能给刚刚成为母亲的宝妈们提供有用的建议，海梅的母婴店很快便在当地占有了一席之地。

无论你是久经商场，或是初出茅庐，如果你这次创业要涉足一个你自己并不熟悉的领域，一定要慎之又慎，绝对不能盲目从事。最好是选择自己熟悉的领域，这样才能走得更顺，少交一点"学费"。

附表：未来5年中，10个非常有前景的创业赛道

行业	前景	发展
健康和健身科技	人们越来越注重健康生活方式，对科技解决方案的需求也在增加	开发健身应用程序、健康监测设备或提供在线健身指导等方式切入
可持续能源解决方案	可持续能源是未来的趋势，政府和企业对此的投资也在增加	开发太阳能或风能产品、提供能源咨询服务或推广能源效率解决方案等
教育科技	教育科技可以提供更灵活、个性化的学习方式，满足人们对终身学习的需求	开发在线学习平台、提供在线辅导服务或开展技能培训等
健康饮食和有机食品	人们越来越注重饮食健康，对有机和天然食品的需求也在增加	开设健康餐厅、提供有机食品配送服务或开发健康食谱应用程序等
智能家居和物联网	智能家居和物联网技术的应用范围广泛，可以提高生活便利性和能源效率	开发智能家居设备、提供家庭自动化解决方案或开展物联网咨询服务等
虚拟现实和增强现实	虚拟现实和增强现实技术创造了全新的用户体验，市场需求正在增加	开发虚拟现实游戏、提供增强现实培训服务或开展虚拟现实旅游体验等
可穿戴技术	可穿戴技术可以提供更便捷的交互方式和个性化的健康监测功能	开发智能手表、智能眼镜或健康监测设备等
社交媒体和数字营销	社交媒体已经成为企业推广和品牌建设的重要渠道	提供社交媒体管理服务、开展数字营销咨询或开发社交媒体分析工具等
人工智能和机器学习	人工智能技术在各个行业都有应用，可以提高效率和创造新的商业模式	开发智能客服系统、提供数据分析服务或开展机器学习培训等
循环经济和可持续发展	循环经济和可持续发展是未来经济发展的趋势，也符合社会责任的要求	开发废物回收和再利用解决方案、提供可持续发展咨询服务或推广环保产品等

（以上内容仅供参考，要涉足某一个行业，必须要经过深入了解、具体分析后才能作出决定。）

第 3 章
CHAPTER 3

寻找合适的伙伴，一起并肩作战

《孟子·公孙丑下》曾说："天时不如地利，地利不如人和。"《孙膑兵法·月战》中也曾说："天时、地利、人和，三者不得，虽胜有殃。"孤掌难鸣，中国几千年的智慧教导后人，要成大事，除了需要机遇和环境外，还要与人合作。寻找合作伙伴，就是创业过程中十分重要的一个环节。

○ 朋友关系好，不一定能合作好

有些朋友，关系好到无话不谈，双方之间有困难都会相互帮忙，甚至很慷慨地借钱给对方，帮助渡过难关，从来不过问对方什么时间还钱，但如果合伙做生意，却不见得能够长久，说不定还会因为利益关系而疏远了朋友情谊。

按理说，朋友关系好，合作应该更好才对。但事实却并非如此，越是关系好的朋友，越难在生意中合作好。很多人之所以选择朋友合伙，第一看重的是默契，第二关注的是信任。创业维艰，一个好汉三个帮，我们当然希望可以有熟悉了解和快速上手的人可以一起合作一起奋斗。但这只是硬币的一面，我们还要看到硬币的另一面。两个人能成为朋友，要么是有共同的爱好，共同的话题，要么是彼此欣赏，性格中有相似的元素，而这些都不涉及到彼此的利益。而创业是直接关系到利益的事情，在这个过程中，利润的分配、权力的分配，一旦产生分歧，就会引发争吵，随时有翻脸的可能。这不但影响了双方之间的关系，还会令创业面临失败。

张丽是一名教育机构的老师，因为教学能力强，深得家长和学生的喜爱。就在张丽生完孩子，在家休养的过程中，两个高中时期的好朋友找到她，邀请她一起创业。

两个好友在其他教育机构任职，按照好友的说法，她们在教育行业工作了这么多年，拥有了固定的生源，也积累了丰富的经验和资源，而且三个人擅长的教学领域也不相同，一起合作就不用额外聘请老师了。更加重要的是，张丽现在当妈妈了，自己做了教育机构的老板，那所有的教育资源，自家孩子都能免费享受，以后教育就不用愁了。

张丽被两人说得心潮澎湃，想象着三人联手将机构做大做强，她仿佛看到了自己将来叱咤教育界的样子。正好此时张丽手中还有一些存款，于是当场拍板，决定三人一起创业，开办教育机构。

前期三个人一起找门面，一起装修，一起安装桌椅，配合得天衣无缝。等机构真正开起来时，问题才一点点地显示出来。首先，一家新的机构，在没有任何加盟的背景之下，很难取得家长和学生的信任。而从前那些信任张丽的家长和学生，事实上更看重的是机构多年的教育口碑。其次，因为没有生源，就无法盈利，在没有收入的情况下，谁也不愿意无条件地付出，这就导致了干一点活，就会斤斤计较的场面；最后，两个朋友因为长期挣不到钱，就另寻了其他工作，完全将机构当作副业来发展，而在家带孩子的张丽因时间灵活就成了唯一的"劳动力"，但碍于朋友之间的情谊，她只能将委屈咽在肚子里。时间一长，经济压力和育儿压力，让张丽患上了严重的产后抑郁症，最后不得不狼狈退出。

然而事情并未因为张丽的退出而结束。张丽对两个好友心有不满，认为她们付出得少，还不懂感恩；而两个好友也对张丽心有不悦，认为她整天在家待着，也不愿意为机构多出一份力。就这样，张丽赔了几万块钱不说，原本关系不错的朋友，也渐渐没了来往。

熟人之间做生意，或者合伙做事，往往都不会有太好的结果。因为关系太亲近了，很多事儿都不好说，也不能说，这只会给人带来"人财两空"的结果。能当好朋友，不一定能当好合伙人。俗话说："不怕没好事，就怕没好人。"这里的好人不是坏人的反义词，而是能够真正帮助你、支持你，甚至是带领你的合伙人，是能够跟你互补、合作，相互理解，共同进退的"战友"。

陈晨曾是某跨国公司中国分公司的高管，辞职后和朋友合开了一家体育器材公司。陈晨本对体育领域一窍不通，但朋友对此很精通，想着有朋友做"顶梁柱",她就踏实当一个合伙人就好。

创业前期两个人相处还比较愉快,但随着业务的增多,两人之间渐渐产生了分歧。陈晨曾经所在的领域属于节奏很快的产业,而体育行业的节奏比较缓慢,这就导致很多决策让陈晨无法理解和接受,和朋友之间的争吵和矛盾也越来越激烈,最终到了不可调和的地步。

和朋友分道扬镳后,陈晨便决定不再与人合伙,自己开了一家互联网公司,业务方向还是以体育为主。这一次虽然能自己完全说了算,但公司却一直做不大,究其原因还是精力有限。渐渐地,陈晨产生了想要找一个人,一起并肩作战的想法。

没过多久,一个合适的人就出现了。对方擅长资本运作,陈晨擅长商务和产品,两人在能力上互补,又将各自的资源进行了整合。公司发展迅猛,短短一年时间,就发展了三家公司,其中一家已经成功上市。

如果你想要跟朋友一起合伙创业,无论是关系很好,还是关系一般,都需要事先确定以下三点,如果这三点能够达成一致,才能合作愉快,合作长久。

1. 能力上是否能够互补

选择与朋友一起做生意,要选择在能力上能够与你互补的朋友,这样才能实现1+1>2的效果,比如:有人擅长管理、有人擅长搞销售、有人擅长搞资源整合、有人擅长搞公关……这样才能令整个公司形成一个强大的能力体系，从容地应对创业过程中出现的种种问题。

2. 战略布局上是否一致

与朋友一起创业，就是要共同朝着一个目标前进，如果目标不一致，对公司未来的战略布局看法不同，就容易产生矛盾，比如：你希望赚快钱，你朋友却想一步一个脚印，这样就难以愉快地合作下去。

3. 利益分配上是否明确

俗话说："亲兄弟明算账。"再好的朋友，也要在合作之前，将利益分配问题说清楚。在创业开始之前，就明确规定：利益的分配要根据每个人贡献价值的大小进行。这样，各司其职，各取所得，才能最大程度上避免产生利益纠纷。

越是关系好的朋友进行合作，越不要信什么"朋友之间不计较得失"的鬼话。在利益没有产生前，谁都可以不计较，但利益产生后，真正不计较的人还是极少数。因此，如果你不想落得个"人财两失"的结果，那就要将"丑话"说在前头，从一开始，就最大程度杜绝矛盾的产生。

○ 与伴侣合伙，身份切换要自如

冯仑被称为"商界思想家"，他曾这样形容创业："创业就像人生，选择合作伙伴，就如同选择伴侣。"意思是说，我们在选择创业伙伴时，要像选择自己的人生伴侣一样认真。因为选择创业伙伴与选择伴侣同样需要慎重，所以很多创业者会直接选择伴侣作为自己的创业伙伴。正因为如此，创业者忽略了一些致命的问题。

首先，选择伴侣做自己的创业伙伴，增加了创业初期的财务风险。如果伴侣中一人创业，另一人正常上班，那么两人至少有个保底收入。万一创业方遇到了困境，至少家中不至于立刻陷入到绝境中。但如果双方一起创业，就意味着没有了退路，一旦创业失败，家庭和事业两方面都会承受巨大的压力。

其次，选择伴侣做创业伙伴，朝夕相处中更容易产生矛盾。创业是容不得一点马虎的事情，而爱情则是"雾里看花，水中望月"，需要一些朦胧美。而创业过程中，会将一个人的弱点放大，会将自己的不足，以及伴侣的缺点看得清清楚楚，这对亲密关系而言，是一项严峻的考验。

第三，选择伴侣做创业伙伴，要应对来自外界的偏见。对于打工者来说，最怕加入的公司，就是"夫妻店"。尤其是当老板吵架的时候，到底站谁呢？如果站其中一方，就会令另一方不满；如果谁也不站，等两个老板和好时，就成了两个老板的"眼中钉"。因此，很多工作经验丰富的人才，都不愿意到"夫妻店"工作。而这仅仅是"对下"，"对外"也不是件好事，因为夫妻绝对控股，便很难引入其他合作伙伴或职业经理人。"对内"呢，如果夫妻关系好，那还好说；如果夫妻关系不好，在用人、经营、战略上打擂台，就会平白增加许多内耗。

最后，当公司做大后，自己和伴侣之间的权力问题就会浮出水面。在亲密关系中，夫妻双方地位平等，但在合作关系中，总有一个人要占主导位置，而另一个人站在辅助的位置，这势必会导致权力倾斜。权力不均，就会带来关系里的不平衡，一来影响夫妻关系，二来也会对公司运营造成压力。

尽管伴侣创业有着以上种种致命问题，但不可否认的是，在创业初期，伴侣可能是最佳的创业伙伴，因为你们是利益共同体，两个人不会计较谁做得多，谁做得少。只会加倍地吃苦耐劳，征战奉献，而且还可以将雇佣成本忽略不计，可谓是好处多多。

阿杰和小静是一对通过网络认识的小情侣，为了能够长久地在一起，阿杰辞掉了模特的工作，与小静一起走上了电商创业的道路。

开始时，整个公司只有他们两个人。小静负责选品和跑商家，阿杰负责在镜头前介绍产品。直播结束后，两人一起打包、发快递、复盘……经过两年的努力，两人的直播号粉丝越来越多，公司必须要进一步扩大了。这时，两人之间出现了问题，那就是"一山不容二虎"，公司只有两个人时，可以一切商量着来，但公司员工越来越多，就必须要有一个人说了算，否则员工就不知道该听谁的。小静认为她一直从事"幕后"，粉丝们认可的是阿杰，员工也认为阿杰是公司的"顶梁柱"，所以应该让阿杰来管理公司；而阿杰则认为，公司能做强做大，完全因为小静一丝不苟的工作态度，再加上小静天生有领导者的气场，所以应该让小静管理公司。

就在两人争执不下时，小静怀孕了。整个孕期加上哺乳期，小静成了阿杰背后的女人。开始小静还很享受"家庭主妇"的生活，但没多久，强烈的事业心就让她感受到了差距。而阿杰也敏锐地感受到了小静的失落，多次鼓励小静重新回到职场，并承诺他会一边兼顾家庭，一边进行直播。

考虑到公司已经培养起了两名口碑不错的主播，小静决定重返职场试一试。当时电商直播正值上坡路，小静快准狠地抓住了"美妆"这一赛道，选品、测评、录播……每天忙得不可开交。而阿杰呢，大部分时间都用来带孩子，同时他利用带孩子的空闲时间，还做起了一个家庭账号，一方面分享日程，一方面为公司直播做宣传，可谓是工作赚钱两不误。

尽管外界对小两口议论纷纷，时常说阿杰是"吃软饭的小白脸"，但小静却不这么认为，她十分明白，如果没有阿杰在背后支持，她也无法心无旁骛地做个女强人；阿杰也从来不会在意外界的眼光，在他看来，管理公司应选择更合适的人，传统的"男主外女主内"早已成了过去时，如果妻子有能力，他很愿意做女人背后的男人。

在商界中，有很多夫妻合伙将生意做得风生水起的典范，也有两个合伙人原本不是夫妻，但在并肩作战中产生了感情，最终成为夫妻的例子。无论是哪种情况，那些合作得比较好的夫妻，都遵循了一个原则：首先是合伙人，其次才是夫妻。合伙创业的伴侣，两人除了爱情以外，还有着共同的创业热情，有着说不完的话，数不清的点子，能够看到彼此的付出，能够为自己的伴侣而感到骄傲。同时，双方能力互补，无论是资历还是能力，都与公司发展相匹配。

最重要的一点，就是两人都能够做到公私分明。在面对公司事务时，能够理性分析，绝不带入个人情感。同时，也不会将在家庭中发生的矛盾，带到公司里。要做到"在家是夫妻，到了公司就是同事"的地步。

如果一对夫妻真的成功跨越了创业的种种障碍，就可能收获一段极其美妙的关系，不但共享家庭梦想，而且共享人生成就。

○ 找上门的"合伙人"，不一定是"好人"

当你正在寻找创业合伙人时，你的身边出现了这样一个人，他对你的商业计划十分赞同，而他想的也刚刚和你一样，聊了半天以后，他贴心地问你，还有什么难题需要解决，你说缺钱，他便会立刻帮你拉投资；你说缺门路，他就会立刻帮你找资源，甚至还提出跟你一起创业。此时的你，一定觉得自己遇到了"贵人"，甚至有种"相见恨晚"的感觉。

但你千万不要高兴太早，因为这个世界上还有一类人，叫作"职业创业者"。专门找像你这样有想法、有创业热情的初次创业者，利用你帮助他们完成他们的创业想法。

赵鹏在一家游戏制作公司工作几年后，决定离职创业，创业方向就是他所熟悉的游戏领域。但是在寻找合伙人上，迟迟找不到合适的对象。这时，一个不算熟悉的朋友打来电话，说他有一个好朋友，有着十年以上的影视动画行业经验，最近想要转型做游戏，希望赵鹏能跟他的好朋友好好聊聊。

面对送上门来的"合作伙伴"，赵鹏欣然前往。见面后，赵鹏发现对方还带了一名女性，介绍时，说这名女性家里是做连锁酒店的，对他们的项目十分感兴趣，如果可以的话，就会给他们的项目投资。赵鹏一听，心里乐开了花，没想到不但有了合作伙伴，连投资人都一起来了。于是，在那场见面中，赵鹏滔滔不绝地将自己的商业计划全盘托出。

对方二人也是听得连连点头，时不时还问一些听起来专业，但又不太专业的问题。这让赵鹏心里更高兴了，他觉得这两人问问题，就说明对他的计划十分感兴趣，而不太专业的问题，又说明了这两人是"门外汉"，将来他这个专业人员能够成为"一把手"。因此，当会面结束，对方提出要张鹏的商业计划书仔细研究一下时，张鹏几乎毫不犹豫，就将计划书给了出去。

然而，计划书就如同石沉大海一样。张鹏几次打电话过去询问，多方都说还在研究与考虑当中。几次以后，竟然再也打不通。张鹏找到牵线的朋友，牵线的朋友却说，对此也不是特别了解，也是对方委托他寻找合作伙伴，他才找到了赵鹏。

事后，赵鹏查询了那位女性的身份，发现她根本不是什么连锁酒店的继承人，就是一个"托"而已。赵鹏此时才意识到自己被骗了，但是为时已晚，对方早就拿着他的商业计划书找到了投资人，公司都已经开起来了。

或许你觉得自己并没有什么可骗的，但是在职业创业者的眼中，你的商业计划、你头脑中的想法，恰恰是他们想要的，对他们而言就是最宝贵的财富。

这些职业创业人，有过几次创业经历的，还算是好的，至少你能够从跟他们的交流中，获取一点点所谓的经验。而大多数都是只有拥有创业的想法，也有所谓的商业计划书，跑过几次会，谈过几个投资者，然后就不了了之了。

为什么不了了之呢？因为他们真正爱的不是创业的过程，而是准备创业的感觉。他们需要的是像你这样的人，你的商业计划，就是他们拿去拉投资的资本。拉来了投资，他们便跟着过一段当老板的日子。如果你很能干，无怨无悔地将公司带上了正途，那他们就能沾着你的"光"，过上逍遥快活的日子；如果失败了，也无所谓，他们再寻找下一个目标。

当然了，并不是说所有的职业创业者都不可以合作，有极少数还是可以合作一下的。可以合作的职业创业者通常具有以下特征：他们曾经是创业者，并且取得了一定的成功，只是在融资过程当中出现了一些问题，导致他们创业失败，但他们已经获得了一定的知名度。因为已经在商场闯出过一片天地，所以几乎没有人愿意再次回到职场打工，职场也很难有适合他们的位置，所以除了继续创业外，他们没有更好的选择。这时，如果他们遇到很好的项目，会很愿意参与其中，成为半投资者半合伙人的存在。跟这样的职业创业者合作，你可以得到不少好处。首先，对方有经验，可以帮你少走很多弯路；其次，资金基本不用发愁，对方的人脉一定比你丰富；最后，就是公司做大后的资本运作，他也一定更有经验。

只是，这样的职业创业者可遇而不可求。如果遇到了，并且你们谈得十分融洽，那么就可以考虑合作。担心被骗的话，你还可以从互联网上搜索他的名字。通常而言，一些做出过成绩的职业创业者，都会在网上"留名"，通过关于他和他之前公司的报道，你就能大致了解到此人的创业过程，以此来判断他公司的经营状况，以及他的秉性和能力，从而决定是否展开进一步的合作。如果任何相关信息都查不到，那你就要慎重考虑了，可能等待你的，就是一个骗局。

在创业这条路上，要谨记一个原则：天下没有免费的午餐。任何白送上门的资源，极可能蕴藏着巨大的陷阱。在选择合伙人时也一样，上赶着找你合作的人，大概率不是因为你多优秀，而是你对他们而言有利可图。

○ 就算是亲朋好友，也要做背景调查

冯仑被称为"商界思想家"，他曾这样形容创业："创业就像人生，选择合作伙伴，就如同选择伴侣。"意思是说，我们在选择创业伙伴时，要像选择自己的人生伴侣一样认真。想想我们是怎么选伴侣的呢？除了对方一些最基本的信息，如：身高、相貌、工作、经济水平等，还会将对方的性格爱好，乃至家庭情况问清楚。这些叫作"背景调查"。选择创业伙伴也要进行背景调查，因为创业伙伴一旦选不好，分手的难度不亚于离婚。

或许有人会疑惑，对方是认识了很久的朋友，或是上学时的校友，难道也要调查背景吗？当然要。因为在这个世界上，除了自己，

我们不能保证对他人能够有百分之百地了解。我们最亲近的父母，我们能准确地了解他们的过去吗？我们亲手养大的孩子，我们能清楚地掌握他们离家以后的动态吗？就算是从小一块玩到大的兄弟姐妹，在他们外出读书时，在外打工时的表现和能力，我们也无法清楚地知道。因此，不是只有和不熟悉的人合作，才需要做背景调查，就算是关系十分要好的亲朋好友，也需要做背景调查。

程磊与王鑫是十多年的好哥们儿，两人一起合作做生意时，程磊看中了王鑫的正直厚道，心思细腻，一毛钱都要算得清清楚楚的性格，同时觉得彼此知根知底，人品又都信得过，所以并未做背景调查，就一起开起了煤炭加工场。

没想到，生活中很聊得来的两个人，做起生意来却矛盾重重。王鑫对金钱的"分毛必争"，令煤场错失了好几单大生意。一次，程磊好不容易拉来了一个大单，对方开了一个小型的纺织厂，对煤炭的需求量远远高于一些散户。然而在谈到价钱时，王鑫却死活不愿意再低一毛钱，因为这超过了他的心理最低价位。因为这一毛钱，生意没做成。还有一次，长期给煤场供货的煤矿，因为增加了采矿成本，每吨的定价上涨了两毛钱，并说明下一次就降回来。但王鑫却认为临时涨价，就是不诚信的表现，同时增加了煤场的成本，于是另寻了一家小型煤矿，对方价格是低，但煤炭质量极差，碎渣多，不经烧，还烟大。这引起了很多老顾客的不满，程磊左一顿饭、右一顿饭地请客赔礼，才勉强留下了这些老顾客。

而令程磊最不能忍受的，是王鑫竟偷偷拉煤回家。原因竟是，王鑫看到煤场的工人偷偷拉煤回家，程磊睁一只眼闭一只眼，那作为合伙人，他拉点煤回家，那更无可厚非了。程磊曾多次跟王鑫提过这个问题，认为王鑫作为老板，应该起到表率作用。如果老板带头拉煤，那么员工更要有样学样了。王鑫觉得程磊小题大做，况且他是偷偷拉，不会让员工看见的。面对王鑫的固执己见，程磊无数次想要终止两人之间的合作，但王鑫又没有什么大过错，只能继续将就着合作了。

一个人不会将自己是什么人写在脸上，想要透彻地了解一个人，判断是否适合做合作伙伴，就必须要进行背景调查，哪怕是相识了十几年的好朋友。那对合作伙伴的背景调查，都应从哪些方面进行呢？

1. 调查对方的家庭背景，了解对方的成长过程

每个人的身上，都不可避免地带有原生家庭的烙印，而这些都极大程度地影响着一个人的人生观和价值观。了解了一个人的家庭背景，就可以大致了解一个人的思维方式，了解他的人生观、价值观和世界观。如果一个人的父母在金钱上斤斤计较，那么这个人也会比较"抠"，这里并不是贬义的意思，但是这种思维，会对商业判断和商业运作产生一定的影响。

不要觉得自己可以改变一个人，一个人用一种思维活了二十多年，怎么可能在短时间内被完全改变呢？除非遭遇巨大的人生变故和挫折，才有可能彻底改变他。因此，在考察一个人是否适合合伙时，要深入地了解他的家庭背景，了解他的成长过程，并根据对他的了解，判断他在什么场合下，可能会做出哪些不合理的判断或行为，提前想好应对措施。而对于那些价值观、人生观有巨大分歧的人，最好不要一起合作。

2. 调查对方的职业生涯，了解对方的工作情况

调查对方的职业生涯，可以帮助我们了解到他是否是一个专注而能够坚持的人。如果对方有频繁更换工作，或是在一家公司里经常更换部门，从来没有完整地做完过一个项目，那么在你和他今后的合作中，他可能会遇到一点危险或挫折就想要放弃。如果对方有被"高薪挖角"的经历，那么在你们之后的合作中，他很有可能会继续做出"只认钱不认人"的事情来。

3. 调查对方的过去，了解对方的陋习和污点

对于合伙人的调查，还要包括他们的陋习和污点，比如：对方是否有赌博的陋习？是否有贪污的污点？还有一些其他的不良行为，都需要尽数掌握。有的或许不影响继续合作，有的情节严重，你就要慎

重考虑了。就拿赌博来说，只是作为娱乐消遣的方式，或许还可以考虑继续合作；但如果是上瘾的赌博行为，那就很危险了，他很有可能会因为赌资做出有损公司发展的事情来。

4. 调查对方的人品，了解对方的性格

很多创业者在寻找合伙伙伴时，会过于看重一个人某项显著的优势，从而忽略了他的缺点，而这些缺点可能会给公司发展带来巨大的负面影响。比如：某人能够带来一笔很大的投资，而创业者正好缺钱，那么就会为了钱而与对方合伙。但这个人到了公司后，整天抽烟聊天，什么事也干不好，还时常对着员工们指手画脚，极大程度上影响了整个公司的工作氛围。

因此，一个人的能力很重要，但其人品和性格也很重要。对于那些有着明显性格缺陷，或是人品存在巨大瑕疵的人，无论他能够给你带来多大的利益，也要敬而远之，否则他给你带来的损失，要远远大过于利益。

针对合伙人的背景调查，并不是为了找一个方方面面都满分的人，这样的人几乎不存在。背景调查是为了更好地了解这个人，在合作中尽可能发挥他的长处，规避他的短处，这样才能长久顺利地合作下去。

○ 让人才成为你的合作伙伴

现在你已经知道如何与朋友合伙，如何跟伴侣合伙，还知道了如何远离职业创业者，或许你的心目中已经有了合适的人选，如果你只是想开一个小店，那接下来的内容你暂时还不需要，但如果你想做成一家公司，未来要融资要上市，那就不得不考虑"人"的问题。这个人不仅仅是能够跟你并肩作战的合伙人，还是能够帮助你推动公司发展的全方位人才。

公司就像行驶在大海中的轮船，需要船长、副手、水手等人通力合作，才能令船只正常航行。轮船越大，产生的事务就越多，需要的人员也就越多。如果你是一个全面手，懂产品、懂经营管理、懂营销推广，还懂一些运输仓储，那么创业前期，你基本可以一个人撑起一家公司。但现实中，这样的"多面手"太少了，大部分只是精通其中一个方面。或者，就算是多面手，在公司日益发展壮大后，也无法做到事必躬亲。所以在创业初期，寻找哪些人才来合作，也是要认真考虑的问题。那人才从哪里来呢？

对于财力雄厚的创业者来说，人才可以靠高薪招来。但对于一些经济不够宽裕的创业者来说，想要留住人才，那是十分困难的事情。真正的人才，一定会倾向于职位稳定，薪资水平高的公司，而初创公司有太多不确定性，没有人愿意用宝贵的青春去换取别人公司的成长。

程东升从一家互联网公司出来后，打算自己做一家开发游戏的网络公司，但是他之前做的大多是互联网推广工作，对游戏制作只略知一二，他的合作伙伴只能提供资金支持，对游戏更是一窍不通。公司成立后，程东升在网上发了一封诚意十足的邀请函，邀请有志之士加入他们的公司，跟他们一起体验创业的激情，一同见证一家公司的成长。这封邀请函还真的吸引到了一个人才，这个人叫李耳，小公司的程序员，因为不满现有公司的待遇，同时自己的才华也不被看见，正准备跳槽之际，看到了程东升的招聘信息。

李耳觉得这对自己是个机会，首先，程东升不懂技术，他到了公司就能独当一面，那么他的很多想法就可以付诸于现实；其次，虽然程东升的公司才刚刚起步，但是公司所有的资源都倾向于他，总体待遇比之前的公司要好很多。而李耳的能力，也让程东升十分满意。

就这样，李耳成了程东升公司中举足轻重的人物。无论他要钱还是要设备，程东升都没有二话。李耳也不负众望，没多久就研发出一款小游戏，制作算不上精良，但贵在新颖有趣，还很烧脑，上架一个星期就火爆全网。凭借着这一款游戏，程东升的公司赚了一大笔钱。程东升立刻给李耳提升了薪资待遇，李耳本来还挺满意，直到一家大型游戏公司过来"挖人"，给了李耳更高的薪水，同时还许给他一个很高的职位。条件就是，李耳要带走目前正在开发的第二个小游戏。在经历了一系列的思想斗争后，李耳选择了跳槽，同时还带走了他的劳动成果。

在利益面前，一切关系都是脆弱的。因此，最好的办法就是让利益渗透到关系中，让这些人才，成为你创业路上的合伙人，让公司70%以上的业务，都掌握在自己人的手中。这70%的业务都包括哪些呢？

1. 你要有懂管理的人才

很多人认为，在初创公司中，管理这个职位可有可无，本着节省成本的原则，一般都不会单独设立管理的职位，管理一般都是由人"兼职"。但事实上，管理是个举足轻重的角色。很多创业公司走到后面，内部管理一团糟；还有的公司已经做到很大，但管理层面不承认管理的价值，要求管理职位一定要去做具体的工作，不能只坐在办公室里"指点江山"。一个不承认管理，不重视管理的公司，势必走不长，就像一个苹果，外面看着通红诱人，但里面已经烂了，迟早要从树上掉下来。在创业中，越是看起来不重要的环节，往往决定着生死。所以，你的初创团队中，一定要有一个懂管理，并擅长管理的人才。

2. 你要有懂技术的人才

技术涉及到专业，既复杂又高深。很多看起来很复杂的问题，在专业人员的眼中，就是小菜一碟；很多在普通人看来难以跨越的技术壁垒，在技术人员眼中，就像小儿科一样简单。因此，你的团队中一定要有真正懂技术的人才。有这样的人才存在，你才不会被技术人员裹挟，才不会被专业人员口中那些晦涩难懂的专业术语唬住。

3. 你要有懂商务的人才

很多创业者在创业初期，都意识不到商务的重要性，以为商务就是商务人员，只负责推广产品而已，而这个活很多人都能干，也不涉及到公司核心利益，所以并不急于找这样的人才。实际上，广义的商务不仅仅是商务人员，还包括商务活动。融资是商务活动，与其他公司建立合作，也是商务活动，甚至媒体公关和政府公关也是商务活动。这样一说，是否意识到了商务的重要性了呢？尤其是一些搞技术出身的创业者，只会闷头做研发，等产品生产出来了，却不知道"出口"在哪里。这时候，商务的重要性就更加明显了。因此，如果你自己不懂商务，那就要找一个懂商务的人才合作。

4. 你要有懂产品的人才

产品可以说是创业者的基石，很多人选择创业，大多都是因为对某个产品有些想法。因此，很多创业者本身就是对产品十分了解的人才。如果你不了解，还想要做某个产品，那你就要下点功夫去学习了。

到此为止，创业就不再是你一个人的战斗了，你拥有了一个创始团队，你就像三国时期的刘备一样，不但拥有左膀右臂，还有"前锋"，有"后卫"，你们团结一致，合多为一，成为了一个真正的"六边形战士"。今后的创业道路上，你们若能拧成一股绳，那便可以"开疆扩土"，在商界闯出一番名堂了。

第 4 章
CHAPTER 4

做细腻的操盘手，在大局中把握方向

创业是一段充满未知与挑战的旅程，在这个过程中，创业者常常会陷入各种细节和琐事的泥沼，因此拥有大局观至关重要。全局视野犹如一盏指路明灯，能够引领创业者在迷茫中找到前进的方向，为创业之路提供清晰的路线图。

○ 以售卖开始，以服务永恒

相信在很多创业者心目中，创业就是做营销，只要想到好办法将产品营销出去，业绩自然就能够提升，有业绩就有利润，有利润就能进一步将企业做强做大。可在当今这个时代，只卖好产品已经不能提升企业的业绩了。

过去，物质匮乏，人们信息闭塞，只要做好产品，就能提升销量。而现在是市场经济时代，市面上的产品太多了，你卖得便宜，总有人比你更便宜；你讲究质量，也总有人更加精益求精。更何况，人们的需求也在转变，从以前单纯的产品需求到现在更加注重购买产品时可以获得什么样的服务。谁能为顾客解决问题，顾客就喜欢谁、相信谁、支持谁，谁就能拥有良好的口碑，拥有了良好的口碑，才能获得源源不断的利润源泉。所以，现在的生意，是从售卖开始，以服务永恒。

那说起服务，就不得不提海底捞了。一个凭借着服务，在餐饮界占领了一席之地的火锅店。海底捞的服务究竟有多好呢？有人专门建立了一个论坛，让大家讨论自己在海底捞都享受了怎样的极致服务，上面的留言数不胜数。

网友1独自一人到海底捞用餐，服务人员怕网友会觉得孤单，便找来一个一人多高的大熊，放在网友1身边，陪伴他用餐。

网友2带着宝宝到海底捞用餐，全程服务人员都站在宝宝身边，一方面防止宝宝出意外，一方面能够让顾客安心用餐。当宝宝用完餐，觉得无聊时，服务人员又及时拿来了一个益智的小玩具送给宝宝，让宝宝打发时间。

网友3一个月之内跟朋友去了三次海底捞，在第四次去的时候，店铺经理走过来说，为了感谢他对海底捞的支持，这饭免单。

而海底捞的极致服务，还不仅仅限于此。一般的外卖，只是将食物送到顾客家中，而海底捞的外卖，服务人员也会一并被"送"到顾客家中，不但会现场帮顾客做好，还会在离开时连垃圾一并带走。

海底捞的创始人张勇，当初是卖麻辣烫的，从一毛一根的麻辣烫中，张勇悟出了一条准则："如果顾客吃得开心，就会夸你的味道好；如果觉得你冷淡，就会说难吃。服务会在一定程度上影响顾客的味觉。"这一条感悟在任何行业都适用，顾客的情感很大程度上会影响顾客对产品的印象，顾客高兴了，哪怕产品有点小小的瑕疵，他们也愿意接受；顾客不高兴了，那么即便你的产品无可挑剔，顾客也能从"鸡蛋"里挑出"骨头"来。

而以服务取胜的企业不止"海底捞"。近几年"胖东来"的服务，也越来越深得人心。在胖东来的食品柜台上，不但有品类丰富、新鲜的食品，在一些食品的旁边，还有特别的介绍，这些介绍包括食品的吃法、口感，有的还带有制作方法。而且大部分食品，都可以试吃。

如果有顾客产生了不满，也不必担心"投诉无门"，胖东来设置了专门的投诉建议渠道，只要投诉建议对胖东来的发展有益，就可以领取500元的"投诉奖"。而且顾客投诉的内容，还会以公告的形式展示出来，一点也不藏着掖着。

当顾客购物离开后，胖东来还会贴心地帮顾客将购物袋捆绑在车上，甚至还会提供修车工具。如果从胖东来买的服装出现了脱线、撕裂等问题，胖东来还有专门的服装熨烫部，帮助顾客修补熨烫衣服，并且是免费的。就连卫生间里，也处处透露着服务的细节。卫生间里，有专门供小朋友使用的小一号便桶。还有专门为女士们准备的卫生用品，甚至还有帮助生理期女生遮挡污渍的"安全裙"。

而胖东来为消费者提供的不仅仅是物质方面的服务，还有精神层次的照拂。近几年来，人们精神压力大，患有精神疾病的人群直线上升。因此，在胖东来随处可以看到一些暖心的、鼓舞他人的话语。

服务，还仅仅是胖东来做得很好的一个方面而已。由此，也不难理解为什么胖东来能够将一个商场做成"景点"了。

对于初创企业来说，金杯银杯都不如一个好口碑，有了消费者的交口称赞，有了顾客们口口相传，你才能"名扬四海"。因此，在创业伊始，就要将做好服务的理念贯穿到企业运营中，让其成为流淌在企业中的"血液"。

那么，创业者如何才能做好服务呢？

1. 拥有真正用心的服务意识

要提高服务水平，首先要增强服务意识。那么什么是服务的意识呢？就是经营者在为顾客提供服务的时候，所表现出来的热情、周到与主动，是一种发自内心的，愿意为顾客服务的欲望，有这种欲望的存在，就能够在与顾客相处的过程当中，发掘出顾客需求，并主动为顾客提供服务。

比如：大多数出租车司机，都以车辆内部干净卫生，没有异味，不宰客作为服务的最高标准。而有位出租车司机却还在车里配备了适用于各种手机机型的数据线，准备了矿泉水、饮料，及各种可以饱腹的小零食；甚至还有专门为忙碌的顾客准备的小办公桌……这里的区别在哪呢？就在于是否想要为顾客提供更好的服务。由此可见，只要用心，服务意识就会"不请自来"。

2. 注重人性化的服务细节

将别人做不到的地方做到，将别人做不好的地方做好，将别人想不到的地方想到，就是服务细节化。

就拿日本的公交车来说吧，日本的公交车基本上都是无人售票车，因此司机担任的任务不仅仅是开车，当遇到坐轮椅的乘客时，司机会跑下车，在地面和车之间搭上一块板子，然后推着客人上车。到了车上，有专门的轮椅"专座"，上面配置着轮椅固定装置。另外，在残障人士专用座附近提倡手机关机，因为电波可能会影响残障人士使用的电子医疗器械。

不仅仅是对残障人士，对待正常的乘客，日本的公交车也十分注重服务细节。首先，每个座位后面都备有一个垃圾袋，每运营一班就清理一次，最大限度地保持车内的干净卫生。其次，车内设有特需乘客座椅，座椅底部配备有急救包，有需要的话，特需乘客座椅还可以移动。

下车时，乘客只需要按一下座位旁边的"下车按钮"，司机就会在下一站停车。车到站后，车身会往站台一侧倾斜，方便腿脚不利索的乘客上下车。与此同时，司机还会通过广播提醒乘客坐稳扶好，不要急着往车门口走，因为司机会等所有乘客都上下车完毕，所有乘客都坐稳后，才会缓缓启动汽车。更让人意想不到的是，公交车在提速和刹车前，也会温柔地提醒乘客。

3. 建立个性化服务保障体系

当服务遇上人数多、业务杂时，如果没有流程就会惹出大麻烦。因此，公司要建立一套人性化服务保证体系，在为顾客提供服务时要按照标准化的流程，做到整齐划一。但需要注意的是，流程不能太过于死板，只需要提供流程的范本，不需要在流程上做硬性规定；要做客户希望的个性化，不做自己的个性化；然后将个性服务与满意度挂钩，只要能够让顾客满意，也完全可以不按照标准流程来；最后，设置一些服务禁忌，剩下的权利就交给员工，让员工可以在权利范围内，为客户提供所需求的个性化服务。

成交只是开始，我们可以依靠产品和营销将顾客吸引来，但却得靠服务留下顾客。服务就是最好的宣传，好服务能胜过千言万语。

○ 像"吝啬鬼"一样控制成本

在创业的道路上,每一个细节都可能影响到最终的成败。其中,成本控制便是创业过程中不可或缺的一环,它不仅是一个财务概念,更是一个战略概念。有效控制成本,不仅能够确保企业在竞争激烈的市场中保持盈利,更是提升企业竞争力的关键所在。

在全球经济衰退的大环境下,全世界的企业都在加强成本控制,由于各个企业对于成本的理解不同,导致行为各异,其中,为数不少的企业做了无用功,虽然是成本降低了,但市场也丢掉了。

丰田作为世界上最赚钱的汽车制造商,一直是全世界制造型企业都在模仿和研究的对象,丰田持续高盈利背后的秘密,就是控制成本。

在丰田企业内部，有着十分严密的成本控制管理体系，无论是日本丰田本社，还是遍布全球的各大丰田合资厂商，都有专门对应成本控制的部门。即便是一个小小的汽车零件，也会对其成本进行把控，从汇率到运输方式，每一个细节，花出去的每一分钱，都会做成数据进行对比和分析，从而选出最优解。

而在欧美企业，或是民企、国企中，却鲜有这样的部门，成本管理这块要么被划分到财务部门中，要么被划分到采购部门中，有的被划分到销售部门中，没有专门控制成本的部门，就难免会出现成本控制不到位的现象。

另外，丰田公司还创立了独具特色的适时制生产方式，只在需要的时候按需要的量生产所需的产品，其核心是消除一切无效的劳动和浪费。比如：使零部件供应商及其装配厂尽可能靠近销售市场，直接降低了产品的运输成本，也减少了因库存时间太长而浪费了存储成本。

同时，适时制生产方式有效制止了过量生产，把生产系统中的零部件的储备量降到几乎为零的程度。这迫使生产系统中每道加工工序的作业人员必须生产出100%合格的零部件，否则一旦出现不合格产品会破坏正常的适时制生产。

可以说，在丰田汽车的生产线上，每一个环节都被精细地划分和管理，从原材料的采购到生产过程的每一个细节，都经过了严格的成本核算和控制。

低成本，高质量，这使得丰田汽车，在面对其他国际汽车巨头的竞争时，能够以更具优势的价格，提供同等甚至更高质量的产品，从而在汽车市场上占据了重要地位。

丰田汽车的成功，为创业者提供了宝贵的经验和启示：成本控制并非单纯地削减开支，而是要在确保产品或服务质量的前提下，通过精细化的管理和创新的方式，实现成本的优化。

1. 从老板做起，建立全员成本意识

成本意识要从企业初建时就建立起来，因为创业初期就是"烧钱"的阶段，而创业者又极容易接触到"资金"，在有钱的情况下，便开始租用奢侈的办公室、举办铺张的会议、乱砸市场费用，等到市场环境发生剧烈变化时，手里的钱就不禁"烧"了。因此，成本意识要从老板开始建立，如果老板不以身作则，不反复强调，不建立成本控制的体系，整个公司的成本管理一定非常混乱。

2. 花该花的钱，省该省的钱

控制成本的要领是：该花的钱一定要花，不该花的钱一分也不能花。有时候该花的钱不花，后续可能会造成更大的浪费。而不该花的

钱则一定要守好原则，不要因为讲人情世故就忽略原则，有的风气一旦形成，后面就很难改善。比如：老板体恤员工辛苦，在报销车费、电话费、请客吃饭费用时非常大方，实则不该，因为奖励员工的方式有很多种，不一定在成本管理方面姑息纵容。

3. 重视固定成本，管理变动成本

企业经营所产生的费用，大致可分为固定费用和变动费用。固定成本是每个月必须支出的费用，比如：员工工资、房租、水电费、办公用品损耗等；变动成本指的是旅费、电话费、招待费、市场费用等不定期产生的费用。固定成本一旦产生，就很难终止，因此一定要高度重视固定成本，每年、每季度的预算会上，要对固定成本进行详细的分析，看是否真的有必要产生。变动成本属于看上去不多，但总数下来又不少的支出，尤其是人员比较多的时候，这也是比较难以控制的地方，但好在不是固定支出。当企业遇到经济危机，就可以先停掉变动成本，然后分析固定成本，逐项定期按计划削减，一步一步将成本控制下来。

增收和节流，两手都要抓，但在市场竞争如此激烈的今天，谈增收又何其容易，创业公司没有持续盈利之前，都处在"过冬"状态，创业者必须具备少花钱甚至不花钱办事，并且还能把事情办好的能力。如果只会靠花钱办事，那公司大概率也没有做强做大的机会了。

因此，初创企业应当建立并不断完善制度，做好成本控制的基础工作。确保企业在保持盈利的同时，也能不断提升竞争力。

需要注意的是，成本控制并非一成不变的。随着市场环境的变化和企业规模的扩大，我们需要不断调整和完善成本控制策略，确保其始终与企业的发展战略相契合。

○ 不断完善制度，为裂变做好准备

很多初创企业在收获了"第一桶金"后，很快就发现单店的成功难以复制，以往的经验也无法实现公司业务规模的持续增长，成长的天花板似乎就在触手可及的地方。

初创企业如何跨出局部的成功，实现规模化的增长？这个问题正在困扰着许多正在成长中的创业者。

企业要想做好、做强、做大，产生不断的升维，盈利模式和复制能力二者缺一不可，盈利模式在先，成功复制在后，没有盈利模式就无法进行成功复制，企业生存靠盈利模式，企业的发展靠成功复制。

或许有人没有吃过麦当劳，但是没有人不知道麦当劳。成立于

1955年的麦当劳，现如今已经是一家全球大型跨国连锁餐厅，主要售卖汉堡包、薯条、炸鸡、汽水、冰品、沙拉、水果等快餐食品。如果你认为麦当劳就是靠卖吃的挣钱，那就错了。

从表面上看，麦当劳确实是一家餐饮连锁企业，他最厉害的地方，就是将店铺开到了全国各地。但实际上，麦当劳最重要的产品不是汉堡包，也不是薯条，而是知识产权。不管你走进世界上任何一家麦当劳餐厅，你都会产生一种"似曾相识"的感受，因为麦当劳已经将标准化做到了极致。在麦当劳成功开启了第一家店铺、第二家店铺、第三家店铺……后，他们就已经琢磨出了一套标准化的经营手段。从店面选址到服务流程，从人才培养到营销手段，全部都做成了标准化，有标准就可复制，可复制就可以实现源源不断的利润。

当麦当劳走上连锁加盟的道路时，麦当劳就打破了收益的"天花板"，加盟一家麦当劳，费用在250万~320万之间，包含餐厅的装修、招牌、设备等，在确定店址后，总部还会抽取加盟店产品营业额的17%~23%用于支付房租、产品专利费和服务费。而麦当劳给予加盟店的，就是一本运营手册。说白了，加盟店铺花了二三百万，买的就是麦当劳的一本运营手册而已。但不要小看这本运营手册，有了这本运营手册，就能成功地开出一家麦当劳餐厅。

除了可以复制一模一样的店铺，麦当劳内部的一切流程也是可复制的。比如：出餐流程。客人点了一个汉堡，汉堡从制作到出餐的整个流程，都有着严格的规定，甚至精确到了几分几秒。再比如人才培训。在麦当劳，即便是高层管理人员出走，也不会对麦当劳的经营造成任何损失，因为麦当劳很快就能够再次培养出同样的人才来。

那么，对于初创企业来说，如何才能走上自我复制的裂变之路呢？

1. 实现人才可复制

传统企业培养人才的方式，是招聘一批人才，然后通过不同方式，来不断扩大这些人才的数量，当团队中出现一个超能人才时，就会将"宝"压在这个人才身上，委以重任。而当这个人才离开公司后，公司就会元气大伤。

还有的公司则是老板亲力亲为，无论大事小事，都要老板过目拍板后才能继续下去，这在公司发展的前期还可以轻松驾驭，但持续发展下去，就会把老板的精力给榨干，公司发展没有推手，将会停滞不前。

企业的发展不能依赖一个或者两个天才，而必须实现人才的可持续化。想要提高人才复制的速度，就必须建立有效的学习机制。首先，将学习任务和企业发展结合起来。其次，要上行下效地进行学习，将员工的学习固定成任务，并以数据的形式展现。当人才有了基本的知识和技能之后，就要从实践中出真知了。除了在日常工作当中将所学的知识和技巧使用起来外,还要学会团队协作,团队之间互相配合得很好,整个工作才会运转得更加流畅。最后就是要定期对员工进行检查和考核,形成具体的量化标准,巩固所学内容。

当企业有了一套培养人才的"流水线"后,那么就不会出现失去一个人才,公司就失去"半壁江山"的悲剧。

2. 实现经营标准化、流程化

企业实现自我可复制的基础是标准化,而且是文字化、图片化、视频化的量化标准。标准流程体系的建设会帮助企业实现从经验传承到能力系统复制的转变过程。流程体系是企业组织能力的关键组成部分,能够极大程度上武装企业的综合实力,提高工作效率、实现标准化运营,同时也能兼顾灵活性,适应变化。

3. 边际成本越低,可复制性越强

边际成本可以理解为在一定产量水平下,额外生产一个产品所需承担的成本。举个简单的例子,你有一片地,起初只种西红柿,基本成本固定。随着土地空间的剩余,你决定增种黄瓜和胡萝卜,这时只需额外投入种子,不需要扩大土地,因此边际成本就低。这就相当于公司的项目增加了,但员工不需要增加。但随着你扩大种植面积,现在新增蔬菜需要更多空间和可能的土壤改良,于是边际成本就上升

了，但总成本基本稳定。这相当于公司项目达饱和，但还未超负荷。最后，你租地扩大种植，你需要付租金、买更多材料、雇帮手，这时边际成本显著增加。这就像公司为了处理更多的项目，招新员工、换大办公室、增添更多办公设备一样。

要想实现指数型增长，创业者需要尽量降低企业的边际成本，直至为零。因为这样不需要增加成本，却可以使利润翻倍。

如果你的公司一直处于线性增长的发展模式，到最后你会发现，你投入的成本远比你的收入增加得更快，而且风险系数也会水涨船高。一个智慧的老板，懂得考虑公司前景，并做出长远打算。

○ 无钱事事难，融资需谨慎

资金短缺，几乎是每个创业者都会遇到的问题。因此，融资也几乎是每个创业公司都会经历的阶段。所谓融资，就是企业根据自身的经营状况、资金状况及发展需求，运用各种方式向金融机构或金融中介机构筹集资金的一种业务活动。融资可以帮创业者解决资金短缺的问题，但怎么融资？找谁融资？什么时候融资？是需要慎重考虑的问题。

杨帆做人工智能公司一年左右的时候，账上的资金就不足了，为了让公司正常运转下去，杨帆花了好几个月的时间寻找投资人。在天使轮的时候，有一个投资界的老板愿意给她投资，但这个老板不太懂人工智能，在简单地聊了几句后，就表示愿意给她投资，并且给出的投资条件也非常宽松。

杨帆还以为自己真的遇到了天使，回去以后便兢兢业业地经营公司，研发产品。然而，一切手续都办好后，老板却迟迟不肯打款。期间，杨帆多次去交涉，得到的答案都是"一定会打款，但目前资金短缺"，并让杨帆再坚持坚持。

杨帆本以为大老板后悔了，此事就不了了之了，于是在非常艰难的情况下，做出了产品原型，并得到了一家大型风投企业的青睐。结果就在杨帆马上要跟风投企业谈判时，之前那个大老板投资的钱打了过来。

也就是说，之前投资的大老板没有承担任何风险，却享受了最后的劳动果实。杨帆十分气愤，但又只能吃了这个"哑巴亏"，谁让自己没有经验，在条款中没有对融资时间做出明确的规定呢？

对于选择投资人这个事，选对了人就是遇到了真天使，选错了人就是一场灾难。因此，在选择投资人时，创业者一定要擦亮眼睛。如果你的项目很有发展前景，那一定会吸引投资人的注意，当投资人向你展示自己的资源时，你一定要进行核实，不要凭感觉去选择是否相信。通常，投资人基本都是上市公司和产业投资，在资源方面一定能够给予你更大的帮助，但在政策方面会有一些限制。

对于初创公司而言，找专业投资人投资的成功率，要高于企业家投资人。那怎么才能让专业投资人注意到自己呢？除了上文提到的拥有有发展前景的产品外，还可以通过人脉关系介绍，还可以通过网站大量发帖，或是进行路演等。不过创业者也要做好心理准备，很可能你努力了一番后，也没能成功吸引到投资。但你也不能放弃，或许是你还未遇到"伯乐"，或许是你的产品还不够成熟，总之你仍需继续努力下去。

另外，融资也讲究时机。很多初创企业还是"种子期"的时候，就认为这是企业最需要资金的时候，殊不知当企业一切都还没有建立起来时，盲目融资会让创业者一时被钱"砸"昏了头脑，进而进入到"烧钱换成长"的误区之中。大部分创业者则认为自己资金枯竭的时候，是融资的大好时机。缺钱时找钱，很符合逻辑规律，但不一定符合现实发展。当公司面临资金短缺时，并非当下究竟能找到投资人，有时候寻找寻找合适的投资人，要花费几个月甚至一两年的时间。这个期间，公司靠什么运营下去呢？很有可能就"死"在了等待资金到来的路上。而且，在十分心急的情况下，人往往容易做出错误的判断，你十分缺钱，那么为了短时间凑到钱，可能就会忽略一些十分重要的细节，或是在原则问题上做出一定的让步。

因此，融资的最佳时机，既不是在公司的种子期，也不是在资金短缺时，而是在创业企业为所有生产经营准备就绪时。因为在这个时候，正是企业需要加大规模经营的时候，前期资金可能还算充裕，但会突然遇到资金缺乏的时候，一旦资金到位不及时，很可能导致公司错过最好的发展时机。

那什么时候才是公司的最佳融资时间呢？

1. 产品研发完成后

产品研发是件风险很大的事情，这期间有很多不可控因素，比如：产品本身存在短板，或者工厂生产遇到困难，再或者核心技术人员离职等，一旦出现问题，可能所有的钱都要打水漂。谨慎的投资者在投资早期项目时，不会在产品还未研发完成时就做出投资的决定。

另外，产品只有研发后投入市场后，才能证明该产品的价值，是否能够替代老产品，是否能够避免跟随者模仿，产品的市场规模如何……这些都是投资者要考虑的因素。

因此，最好是在产品已经研发完成后，再进行融资，这样获得融资的成功率更高。

2. 单个市场验证成功后

产品研发完成以后，要先在单个行业或者单个区域的市场进行验证，在这期间，要做好推广数据转化记录，比如：单个客户沟通次数、客户转化率、客单价、单客生命周期价值等核心数据。一旦单个市场验证成功，那就等于拿到了融资的"通行证"，而这些数据，就成了至关重要的"证据"。

3. 开始进行扩大经营时

单个产品成功后,大部分创业者都会进入下一个阶段——扩大营收,最常用的做法,就是横向扩张同一客户群体的其他需求,或者纵向在产业链上延伸。这一步需要大量的资金支持,如果以上两个阶段里,创业者尚且能够凭借自身的实力保证资金不短缺,那么到了这个环节,往往就需要借助"外力"的支持了。而且有了单个市场的成功经验,此时往往吸引了投资者的注意,说不定投资者还会主动找上门来。你正好缺,别人正好有,那这时候就是启动融资的正好时机。

对于毫无经验的创业者来说,肯定是觉得钱越多越好,似乎有了钱就有了底气,不愁资金就能够抵抗一切风险。但实际上,钱多本身就是一种风险,很多二次创业失败者,都是因为获得了高数额的融资后,内心膨胀,最终走向失败。因此,不要盲目地追求融资,先踏踏实实将产品做好,耐心等待融资的最佳时机到来,让一切水到渠成。

○ 将风险控制在可控范围内

由于创业环境的不确定性，创业机会与创业企业的复杂性，创业者的能力与实力的有限性，导致创业的结果，最终偏离预期目标，或者是造成严重的后果。只要创业，就存在风险，创业者能做的，就是如何降低风险，将风险控制在可控范围内。

通常情况下，一家企业会遇到的风险，包括国际形势、宏观政策、商业趋势、市场竞争、研发技术、生产供应、资金财务、成本控制、组织管理、人才流动、破产失败……以上这些风险大致可分为四类：

市场风险。市场风险指企业所面对的外部市场的复杂性和变动性所带来的与经营相关的风险。主要来自于两方面，一方面来自于自身，或是因为市场定位不准确，或是不能适应市场需求的变化，再或者是同行业的排挤打压所产生的风险；一方面来自于外部，比如：政策、供需、市场环境等因素。

财务风险。财务风险指的是企业在各项财务活动中，由于各种难以预料或控制的因素影响，使财务状况具有不确定性，或存在企业资产损失的可能性。财务风险是企业在财务管理过程中必须面对的一个现实问题，财务风险是客观存在的，企业管理者对财务风险只有采取有效措施来降低风险，而不可能完全消除风险。

决策风险。企业决策涉及企业的发展方向、战略规划、资源配置等方面，直接关系到企业的生存和发展。决策风险是指由于掌握的信息不全面或者获取了错误信息而导致决策偏离企业目标或者决策失误的风险。

团队风险。创业离不开团队的支持，而团队里的人是最不可控的因素，若是大家才能互补、责任共担、愿意为共同的创业目标而奋斗，那便会减少风险的产生；若是团队成员之间的意见不能达成一致，或其创业团队的初始创业目标并不清晰，就很容易产生离职、闹翻，甚至内讧等团队风险，团队风险是极其内耗的风险，也是对企业发展影响极大的风险。

如果创业者缺少风险管控意识，就会将企业暴露在各种风险之中。2002年，方兴东创建博客中国（博客网的前身），之后的三年里，网站始终保持着每月超过30%的增长。2005年融资1000万美元，员工也从40多人扩张至400多人，仅是员工工资就占用了60%~70%的资金。与此同时，博客网还在视频、游戏、购物、社交等众多项目上大笔投入资金，1000万美金很快便用完了，出现了资金链断裂的危险。

随之而来的，便是员工纷纷出走，高层几乎整体流失，就连方东兴本人的CEO职务也被一个决策小组取代了。紧接着，业务不断萎缩，用户大量流失。博客网陷入了"危机四伏"的状态之中，2008年10月宣布所有的员工可以自由离职，也可以留下，但留下的员工没有工资。这一举动，等于间接宣布了博客网的解散。

其实，博客网所遇到的一系列危机，在其融资时便有了预兆。当时，新浪网高调推出其博客的公测版，到了2006年时，以新浪网为代表的门户网站的博客力量就已经完全超越了博客网等新兴垂直网站。此后，博客几乎成为了任何一个门户网站标配。那时，博客网就应该意识到市场风向的改变，及时做出战略调整，或许就能够规避开后面的一系列风险了。

无论是初创企业，还是已经发展壮大的企业，谁都无法制止风险的产生，但是却可以通过风险管理，来降低风险的影响，确保企业在风险之中稳定发展。下面提供几点建议，帮助创业者们在可能的情况下规避创业风险。

1. 充分调研市场需求

降低风险第一步，就是在进入市场之前，充分地了解市场需求，这个过程需要明确自己的产品或服务能够适应的目标群体，同时还要了解市场上的竞争环境，核实有关市场容量、市场利润和市场回报等关键数据。基于此，才能制定出更加符合市场需要的策略，从而降低创业风险。

2. 管理好资金

所谓"经济基础决定上层建筑"，无论什么时候，钱永远占据着重要的位置。因此，资金上的管理必须要得到掌控，明确资金的分配去向，科学合理地制定出资金的使用方案，特别是在面临多个项目时，明确资金的优先级别和流向。通过合理的分配以及资金管理，能够避免在短时间内对创业进行过度投入，造成严重的财务压力，以及避免过度依赖融资所带来的副作用。

3. 重视团队合作

都知道团队的力量比个人的力量强大，但如果团队之间配合不好，那便会起到适得其反的效果。因此，创业者在组建起自己的团队后，要重视团队之间的合作，分清各个成员之间的工作职责和均衡分配工作量，保证团队内的关系稳定和协调一致。

4. 提高核心竞争能力

初创企业是否具有核心竞争力才是最主要的风险，这个问题在起初并不起眼，但随着企业的发展，会逐渐成为不可忽视的因素。什么是核心竞争力呢？樊登老师将其称为"秘密"。所谓"秘密"就是只有你会，别人却学不来的东西。曾经，可口可乐的配方，就是可口可乐经营的秘密，因为别人做不出来这个味道，所以可口可乐能够迅速占领市场。初创企业拥有了核心竞争力，就等于拥有了自己的"护城河"。

但需要注意的是，核心竞争力并非一成不变。当可口可乐的配方被百事可乐破解以后，配方便不再是可口可乐的秘密了。因此，可口可乐开始从多方面提升自己的核心竞争力，比如：营销手段、口味升级等。

虽然创业可以带来很多好处，但是创业也有很多风险。想要减少创业失败的可能性，就需要创业者做好充分的准备和规划，以最大限度地降低风险，确保创业的成功。

第 5 章
CHAPTER 5

搭建超级模式，实现可持续发展

经济学家，现代管理学之父彼得·德鲁克曾说："当今企业之间的竞争，不是产品之间的竞争，而是商业模式之间的竞争。"这个世界上有很多公司，是靠商业模式赚钱的。研究商业模式，就是研究背后的本质规律，不是只看表面现象，只有掌握模式的核心东西才能找到适合本企业的商业模式。

○ 在获利与让利之间，寻找平衡点

我们常说的"引经据典"，其中的"典"就是几十年几百年几千年前流传下来的经典，是不变的规律。商业模式中的"典"，就是资源到最终价值的转化，俗称"获利"。而为了应对竞争，从而能够持续获利，又不得不向消费者让利。如何在获利与让利之间寻找平衡是对创业者的考验。

坎普·吉列曾经是一名推销员，他每次见客户之间，都会装扮一番，而刮胡子是必经的程序。可当时的剃须刀，手柄和刀片都是一体的，当刀片磨损严重时，就很容易将脸部刮伤。此时，只有更换一把新的剃须刀，才能解决这个问题。在抱怨与恼怒中，吉列产生了一个想法：为什么不发明一款手柄和刀片能够分开的剃须刀呢？这样刀片钝了，就只需要替换刀片部分就好了。

吉列很快便将自己的想法付诸到了现实中。历经一番周折之后，吉列的可更换刀片的剃须刀终于实现了量产。然而第一年的销量并不理想，仅销售了51把剃须刀，168片刀片。为了打开销路，吉列以低折扣向军队出售剃须刀，同时向银行提供大量的剃须刀作为客户存款的赠品，同时还投放了大量的广告，吸引人们放心购买。第二年销量便快速飙升至9万把；1905年销量再次上升一个量级，来到了28万把。在此后的一段时间，吉列的剃须刀销量一直保持在三四十万把的水平。刀片的价格已从曾经的1美元1盒20片涨到了1美元12片，但无论怎么涨，在消费者看来，只更换刀片的成本都相当合算。

坎普·吉列成功地开创了一种新的商业模式——剃刀与刀片的模式，该模式的核心思想是以低价或亏本的方式销售主要产品（剃刀），然后通过销售补充装或附加产品（刀片）来实现盈利，以此实现了获利与让利之间的平衡，即以补贴让利，以收费获利。

这之后，"剃刀与刀片"的商业模式被广泛学习和应用，即便是到了21世纪的今天，依旧有企业在沿用这种方式。并且在这种模式之上，发展出了"免费增值"模式，即在初期会免费提供基本的产品或服务，以吸引用户并锁定他们。一旦用户对产品或服务养成了习惯，公司就会向他们推销需要付费的高级功能或增值服务。

小米公司就是如此。在智能电视机刚刚出现在人们的视线中时，大部分智能电视机的定价都在5000元以上，有的甚至接近上万元。而小米电视只卖3999元，而且还是高清4K，还能够控制家里的其他小米品牌的智能家电，这个定价几乎只包含了组装成本和日常管理费用。难道小米卖智能电视，只是为了给消费者福利吗？当然不是。

当你买回一台小米电视后，就会知道，当你想要看一部电影时，你只能试看5分钟，想要看完全集，你需要购买影视会员服务；当你想看一部电视剧时，你只能看前两集，想要看完全集，你还需要继续购买电视剧会员服务；当家里的小孩儿想要看儿童节目时，也只能看一两集，想要继续看下去，你需要再购买儿童会员服务……这样算下来，虽然电视并不贵，但你若想看电视，每年的会员费用需要支付300~1000元不等。

当然了，并不是只有小米的智能电视如此，是市面上所有的智能电视都如此。只不过，小米更先一步使用了"剃刀与刀片"的模式，以薄利多销硬件，再靠后续生态赚得盆满钵满。别的企业都想在卖给用户的那一刻就赚到钱，而小米是卖出去以后才开始赚钱，而且是源源不断地赚钱。

类似这样的商业模式太多了，比如：打印机和墨盒、游戏主机和游戏软件、咖啡机和咖啡胶囊、电动牙刷和刷头……一旦企业建立起了"剃刀与刀片"的商业模式，就意味着产生了经常性收入，因为客户购买了基本产品后，就需要继续购买消耗品，增加复购率；同时，用户对企业的忠诚度更高，因为他们已经被锁定在了"系统"中；另外，虽然产品是不赚钱的，但消耗品的利润却很高，顾客只要定期购买耗材，公司在后续就可以获得更好的利润。

但这种商业模式也有其弊端。

首先，这种商业模式的初始投资很高，因为必须开发产品并建立分销渠道。在小米电视之前，乐视就投资巨大做起了智能电视的市场，可因为太过于烧钱，导致乐视还未成功将模式建立起来，资金链就断裂了，这才正好让做软件起家的小米公司捡了"漏"。

其次，一旦产品不匹配，前期的努力等于白费。"剃刀与刀片"之所以能够成功，是因为产品和消耗品高度匹配，而且金·吉利早已申请了专利，别人无法仿制，吉利的剃须刀只能配吉利的刀片，消费者没有其他选择。因此，如果你的产品与消耗品之间匹配不起来，便无法实现商业价值。

最后，用户一直处在成长的状态，如果产品一成不变，就无法持续留住用户。因此，为了让用户参与进来，企业还需要不断创新并推出新产品，一直吸引用户的注意力。

综上所述，初创企业若想玩转"剃刀与刀片"的模式，需要注意以下两点：

1. 拥有完整的产业链

这个模式的盈利方式，就是前期让利，后期盈利。因此，企业想要盈利，就要知道盈利点在哪里，后续一定要有完整的产品线供用户主动来使用产品，这样企业才能得到补贴。如果没有完整的产业链，前面的让利有可能让后期变得血本无归。比如：某些APP，前期让用户免费试用，但后期却得不到用户使用增值服务的补贴，最终不得不被迫关闭。

2. 初创企业不要盲目尝试

"剃刀与刀片"的模式需要企业去分析消费者，找到产品的忠实用户。这就意味着，企业必须要先拥有一定的市场基础，才能得到准确的分析数据，以此精准预测出未来产品投放的市场。前期在市场还不大的时候，尽可能控制成本或小范围投放市场试水，不要一开始就下血本去搏未来。

企业的竞争不只是技术竞争，更是商业模式的竞争。尽管剃须刀和刀片商业模式已有数百年的历史，但时至今日仍具有重要意义。作为免费增值商业模式的基础，这种商业模式一直在不断发展演变。创业者要根据市场环境的变化，结合自身的条件，在让利和盈利之间，摸索出一种能够长远发展的经营模式来。

○ 跨界经营，混搭出新意

在当今的商界，有这样一句流行语："这个时代，可能你连对手是谁都不清楚，就被打趴下了。"就像微信打败了手机短信，美团打败了康师傅，共享单车打败了售卖自行车的店铺……在这个万物互联的新时代，企业的竞争对手已经不再局限于同一个行业了，甚至可以说是"草木皆兵"，有时候打败你的，往往是让你意想不到的行业。

这就需要企业拥有敏锐与察觉的能力，要保持开阔的视野，时刻关注社会上产生的新事物，面对新兴的行业，要多一些思考，对其未来做出合理的预测和判断。同时，也要打开思路，积极地跨界融合，混搭出业态新意。

台湾有一家著名的大型连锁书店,名为诚品书店,每一个到台湾的人,都会到此光顾。一个书店,怎么会有如此之大的魅力呢?

因为诚品书店不仅有丰富多彩的图书,还有别具一格的视听享受。在诚品书店的音乐类书籍区域,经常会有一些乐队前来演出,顾客只需要花很少的钱,耳朵就可以享受一场音乐盛宴。很多并不爱看书,但很喜欢音乐的人,都会听完音乐会后,再选一两本音乐方面的书籍带回家。

而诚品书店令人着迷的地方还不仅于此,当消费者推开诚品书店的大门时,书店特有的书香混合着浓郁的咖啡香味儿,就会首先征服消费者的嗅觉。当消费者捧着一本书,找到一个座位坐下,并点上一杯咖啡时,一种饱满的人文艺术气息就会将消费者层层包围。除此之外,诚品书店还会定期举办演讲、展览、讲座、音乐会等活动,即便消费者不买书,也会被它附带的人文、创意、艺术等拓展活动所吸引。

作为一家民营书店,诚品书店不但抵御住了电子书籍和电商浪潮的冲击,还做成了台湾大型连锁书店之一。2015年,苏州开了大陆首家诚品书店,除了在装修上更加别具一格外,苏州的诚品书店还玩出了更加创意的生活。在诚品书店的负一层,有一个生活采集区,这里有零基础休闲油画空间,即便是绘画小白来了,也会产生一种"我是资深油画家"的感受。这里还有适合2~88岁都可以来舞动身体的舞蹈教室，还有苏扇、核雕、苏绣、木板年画、缂丝这些国家级非物质遗产的体验区域。在书店外，还会不定期举办市集活动，各种商品摆满了各个摊位，五颜六色的鲜花、精美的陶瓷杯、可爱的小水母、手工羊毛毡、街边茶摊……生活与艺术完美地结合在了一起。

在书与非书之间，在近五万平方米的空间里，有人文，有艺术，有创意，还有生活……所有的元素都集中在这里，哪怕是在诚品书店待上一整天，也绝不会让人感到无聊。

这就是多种业态混搭的经营方式，主打全方位吸引消费者的目光。对于企业来说，多种业态混搭的经营方式好处不止一点点，首先可以实现顾客资源共享，共同对抗电商和线下各大品牌；其次可以实现消费者利益最大化，让消费者获得实惠；其三还可以降低营销成本，因为是多方合作，多方投入，自然成本就降低了；第四可以相互利用对方的品牌影响力，提高传播的效率；最后，可以降低自身的风险成本，比单一业态的企业更具备市场竞争力。

需要创业者注意的是，并不是每种业态混搭都能够成功，因为每种业态都有着自身的经营逻辑。它需要参与者相对独立，但是彼此之间又存在一定的利益共享关系。并且在混搭之后，能够产生1+1＞2的效果。下面列举一些多业态混搭的成功案例：

1. 餐饮+娱乐的方式

在线下经济体中，餐饮是所占比重较大的行业，但随着竞争的加剧，餐饮业也可以通过融合其他元素，打造自身特色，形成差异化竞争。那饭店除了吃饭，还能干些什么呢？有的人将餐饮与KTV结合，可以一边吃饭，一边唱歌；有的人将餐饮和剧场结合，食客们可以一边通过舞台了解食材一边吃饭；有的人将餐饮和儿童乐园相结合，让大人安心吃饭，让孩子乐在其中；还有人将餐饮与表演相结合，实现了物质与精神的双重享受。

2. 服务+娱乐的方式

过去服务行业只考虑如何将服务做到极致，如何让顾客有宾至如归的感觉，所以恨不得将"为顾客提鞋"都纳入到服务培训当中。但物极必反，太过于"贴心"的服务，往往也会给一些顾客带来尴尬的享受，比如：对着一个"社恐"的顾客，大声唱"生日快乐"，那顾客会恨不得找个地缝儿钻进去。所以，服务行业在追求更完美的服务的同时，也要寻求突破。比如：有的健身房将健身与夜店结合在一起，在黑暗的空间中，在劲爆的舞曲中，让消费者感受运动的魅力。还有的在洗浴中心中加入了娱乐设施，走进洗浴中心，宛若走进了电玩城。

3. 零售+餐饮的方式

现下，很多奢侈品店进军餐饮业已经不是什么稀奇的事情了，尽管一杯咖啡一二百元并不便宜，但比起动辄上万的奢侈品，一二百的咖啡反而显得"实惠"多了。还有就是书店与咖啡店的结合，边看书边喝咖啡。还有的书店与潮流装备、文创等零售相结合，靠着利润较高的零售行业，利润低廉的图书行业就实现了利润的提升。

跨界经营，就是"走别的路，让别人无路可走"。如果不知道打败你的对手会是谁？那么对于跨界经营来说，你也不知道你的合作伙伴会是谁？未来，一定是更多的不同行业、不同业态的资源和优势集聚在一起，碰撞出更多的能量，去对抗无知的竞争者。

○ 船小好掉头，轻资产轻装上路

对于很多人来说，一提到创业，就会觉得是一件很沉重的事情，尤其是在没资源没背景的情况下，都不敢想创业这件事。在传统的创业思想里，至少得先租个房子，置办点办公器材，然后再雇两个员工，这一系列的投入，至少得十几万朝上，能不能挣到钱还是未知数，会不会遇到风险还不可预测，就已经"损失"了几十万。

创业，可以是一件很烧钱的事，但也可以是一件花很少钱就能办到的事。随着互联网的发展，很多人已经看到了创业的新形式——轻资产，重价值。所谓轻资产，就是以较小的投入、较低的风险、较短的周期进行创业。可以当作副业来经营，等之后有稳定的收益后再加大投入，扩大规模。对于一些不想安于现状、又没有其他收入的普通人来说，轻资产创业是一个不错的选择。

因为创业本身就是一个不断试错、不断修正的过程，只有轻资产，才能避免在失败率普遍很高的创业领域的前一两轮就被甩出局。同时，还能为创业者预留足够多的出错修正的空间，让创业者在失败之后，还有机会和能力重新来过，不会因为一次失败就"元气大伤"。像耐克、可口可乐、苹果这样的公司，都是典型的轻资产公司。

就拿大众所熟知的可口可乐来说吧。可口可乐是目前世界上最大的饮料公司，每日饮用量超过8亿杯，是当之无愧的世界第一品牌。而在今后的二十年里，可口可乐在国际市场的增长速度还会持续上升。可口可乐就是做到了"轻资产，重价值"。

据悉，一瓶500ml可口可乐的生产成本大约是1.1元：原材料成本0.2元、瓶子0.6元、仓储和物流成本0.3元。除此以外，可口可乐的生产和销售都使用更轻资产的商业模式，包括把糖浆卖给装瓶公司做成饮料，而不是总部负责生产然后全球运输，包括经销商负责当地灌装和销售，公司本身需要承担的仅仅是原浆、配方和技术培训，以及广告支持。这样的经营模式，即便是可口可乐的配方被破解，引来效仿，也很难撼动可口可乐的地位。因为很难再做到成本比可口可乐低，更不要说可口可乐将"省"下来的钱都用在进行品牌宣传上了，已经在全球范围内，建立起了一致的品牌形象，成为了消费者心目中的首选品牌。

所以，就算是可口可乐在世界各地的厂房被一把大火烧光，只要可口可乐的品牌还在，它就能在一夜之间让所有的厂房在废墟上拔地而起。

资产越轻，对企业的发展越有利。轻资产可以聚焦能量，让个人在自身擅长的领域实现长远发展和突破，并以客户和市场为导向，放大客户的价值，让企业摆脱传统的成本经营和价格竞争的困境，建立以能力为基础的长远竞争力，把业务做精做强，追求产品的极致。

俗话说："船小好掉头。"只有"轻装上阵"，才不会因为资产过重，负累致死。那创业者，如何做，才能实现把企业做轻，把价值做大的经营模式呢？

1. 转换思路，变"卖产品"为"卖服务"

在轻资产经营模式中，产品和服务越"简单"，顾客的体验就越好。因此，企业要随时关注用户需求，以便时刻为用户提供他们所需要的产品。同时，产品必须符合增加用户体验和降低用户使用成本这两条原则。因为对用户来说，他们根本不会去关注一样产品的核心技术是什么，也不会关心这技术是如何实现的，他们更加关注的是个人的使用感受，所以比产品更重要的是服务，一定要让服务跟上来，让顾客在购买产品的同时，留下难以忘怀的体验。

2. 转变观念，变"重视资产"为"重视人才"

过去，大部分企业宁愿花大价钱买机器、建厂房，也不愿意花高工资去雇佣一个专业人才，更不愿意花"冤枉钱"请专家顾问分析企业经营模式。还有一些企业，任人唯亲，只因更信得过，更"实惠"。这就是重视资产大过于重视人才的表现，企业重视人才就要克服"资产情结"，将人才视为企业最贵的资产，重视人才培养，珍惜有用的人才。同时，要及时处理掉不符合公司发展方向的资产，采用轻资产进行经营，逐步提升资产的利用率，并加强对员工的价值分析，切勿以个人喜好作为判断人才的标准。

3. 让规模变轻，让效率提高

很多企业都有"贪多求大"的毛病，盲目地认为规模大就是好公司，说出去更有面子，在客户眼中更有地位。但随着社会的发展，规模的大小已经不是衡量一个企业实力的硬性标准了，甚至很多小企业具备着大企业没有的优势，比如：一个小规模的公司只要速度快一点，价格低一点，包装美一点，产品更便利，服务更加人性化，就可以生存得更好。企业规模变轻最直接的途径就是租赁，无纸化办公环境，能租就租，非必要固定资产，能不买就不买。

4. 先有重视客户，才有销量增长

销量越大利润越高，这是不争的事实，但销量是否能增长，取决于企业的产品和服务是否足够重视客户，是否将心思都花在了研究顾客如何才能买上面。传统思想认为：想让顾客购买，价格就要足够实惠。但在现代社会，消费者更加注重的是价值，当一个产品有了价值，那价格还是问题吗？就像苹果手机，还未正式发售，消费者就已经排队购买了。这就是产品价值的体现。

5. 先观察市场，再加大生产

客户是企业的生命，当企业有了潜在客户，产品才有市场。就像小米公司，在还未有产品之前，就已经有了发烧友存在，发烧友的预定才有了手机的生产，所以小米手机根本不存在压货的现象。小米的成功，给了创业者一个启示，那就是企业必须要研究市场和行业发展，生产什么产品，要以市场和客户为导向，不能仅凭自己的经验和直觉。

对于轻资产和重资产的选择，是根据特定行业性质和企业发展情况来决定的，对于初创企业来说，轻资产无疑是更好的选择。

○ 以"小而精",引领细分领域

在搭建商业模式的过程中,有时候需要做加法,即多种业态混搭,最大程度上涵盖消费者群体;但有时候也需要做减法,放弃眉毛胡子一把抓的做法,只做一小群人的生意,若是能够将这一小群人牢牢地抓在手中,那就是成功。

因此,如果你正在绞尽脑汁地思考你的商业模式,那不妨试试将精力集中在"利基市场"上,利基市场是更大市场中的一个细分,它可以通过其独特的需求、偏好或不同于整个市场的特性来定义。对焦利基市场,可以让你比其他竞争者更有信誉,而且还能使你的业务更加集中。换句话说,就是在很小的细分市场内将产品和服务做到极致。

陆先生在小县城开甜品店时，小县城的甜品店几乎达到了饱和的状态，但还是让他看到了饱和市场中的"缺口"，那就是所有的甜品店，无一例外，全都是经营种类繁杂，有生日蛋糕，有小饼干，还有点心等，顾客任意走进一家甜品店，可选的产品都特别多，但换一家店铺仍旧可以买到相同口味的产品。可对于一部分顾客来说，他们想要的是独一无二，希望在拍照发朋友圈时，能够引来大家羡慕的眼光。

陆先生就从这一部分顾客入手，专门做"定制蛋糕"，只要是顾客想要的款式，不管他是否做过，他都会努力去做。有一次，一位顾客想要向女朋友求婚，找陆先生定制了一款美人鱼的蛋糕。为了做好这款蛋糕，陆先生花了差不多三天的时间。就一个美人鱼的尾巴，为了达到绚丽多彩的效果，陆先生先是用白色巧克力做出鱼尾的形状，然后又调制出十多种颜色，一片鱼鳞一片鱼鳞地上色，让整个鱼尾达到渐变的色彩效果，最后再涂一层亮粉，在阳光的照射下，散发出光彩流离的质感。再加上用果冻做出深蓝色的冰晶，白色的奶油做出海浪，整个蛋糕既唯美又浪漫。顾客拿到蛋糕时，别提有多满意了。

"小而精"的核心理念在于专注和精益求精。创业者不再盲目扩张，而是通过深度钻研和精心打磨，使自己在特定领域脱颖而出。这需要创业者有一颗"追求极致的专注、常年如一日坚守"的心，要能够耐得住寂寞，禁得起诱惑。那么，如何打造"小而精"的商业模式呢？

1. 追求更少、更准和更好

"小而精"的模式最大的特点就是对点式具体到个人，资源范围广，系统数据明确易分析，能够最快提供最优质的服务，其品牌效应也能快速建立。也就是说，对比"广撒网，多敛鱼"的经营模式，"小而精"追求的是更少、更准和更好。这就需要经营者首先要深入了解市场需求和竞争格局，找准一个适合自己的细分领域，然后针对这一细分领域的需求进行深耕，打造出"精品"。

2. 追求简单和极致

古人云：大道至简。有时候真正难做的不是复杂，而是做得更加简单。QB House是一家日本连锁理发店，其特点就在于简单。QB House只提供剪发服务和基本造型服务，不提供洗吹染烫等服务，在剪发的过程中，不会向顾客推销任何产品。为了提高效率，QB House没有专门的收银人员，所有的顾客都是自助付款。当理发的人数比较多时，顾客可以根据等位处的信号灯进行选择等还是不等，绿色表示无须等待，黄色表示等待5~10分钟，红色表示要等上15分钟以上。顾客看到灯的颜色，就可以合理安排自己的时间，连询问的环节都省掉了。

但值得经营者注意的是，简单并非简陋，简单是从消费者的实际需求出发，为了提高消费者满意度而采用的方式，这里包含着经营者的用心与讲究，切掉了顾客不需要的部分，但充分满足了顾客需要的部分。

3. 追求个性化

小而精的产品定位，其实就是满足消费者小众化的口味。随着市场消费主力军渐渐向年轻的一代人靠拢，很多主流的产品变得越来越没有市场了，年轻一代人更加喜欢独特的，具有个性品位的产品。"个性化互动"具有"非标准化""定制性"的特点，包括提供非标准化的产品或服务，或提供小众化冷门的产品，抑或是提供个性化产品和服务的组合。只要能够让消费者从消费中获得参与感、认同感和满足感，就能够引起消费者的购买兴趣。

"小而精"的商业模式，也是创业者的一次觉醒，当创业者不再追求规模宏大和市场广阔，而是将有限的精力投入到某个特定领域，注重质量而非数量，便能通过精耕细作和精心打磨，让自己在特定的领域中脱颖而出。

○ 反脆弱结构，让你立于不败之地

对于创业公司的定义，有很多不同的说法，但这不同的说法之中，都包含着同一个线索，那就是"不确定性"和"高风险性"。那创业型公司的"不确定性"和"高风险性"体现在哪儿呢？大到经济环境恶化、相关政策调整，小到原材料涨价、关键员工离职，凡此种种，不一而足。

这里的不确定，不是说发生的可能性，而是肯定会发生，却无法预料什么时候会发生，以及会发生些什么。很多经营得很好的公司，但因为应对"不确定性"的能力较低，所以在不确定性事件发生时，无法及时做出应对和改变，导致公司走进困局，甚至是死局。

有人拿养殖业这件事来说明这个道理。某人养了100只鸡，用这100只鸡赚了钱；第二年加大了规模，养了200只鸡，挣了更多的钱；第三年继续加大规模，养了400只鸡，结果一场鸡瘟，鸡全部死掉，此人赔得血本无归。

"鸡瘟"就是无法预料的不确定事件，而养鸡户的经营模式就属于脆弱的，经不起"风吹雨打"的。不确定事件往往出现在预期之外，过去没有足够的证据能够证明其发生过。此事件一旦发生，就会给原本发展态势良好的企业带来致命的打击。对于初创企业而言，当不确定事件发生，极可能从此改变创业者的命运。如果创业没有做好准备，那这种改变就是负面的，极具破坏性的；相反，如果创业者做好了改变，那这种改变就是正向的，不但能获得重生，还能大大提升企业面对不确定性的能力。

著名的"3Q"大战，就是企业面对不确定性时所作出的正面范例。众所周知，QQ是通信软件，而奇虎360是杀毒软件，这两个看似八竿子打不着的企业，为什么会打起来呢？起因在于，腾讯进军互联网安全领域，动了360的蛋糕；随后360发布了其新开发的"隐私保护器"，专门搜集QQ软件是否侵犯用户隐私。紧接着，QQ立即指出360浏览器涉嫌借不良网站推广。随后，腾讯逼迫用户在QQ与360之间做出选择，只要是安装了360软件的用户，则无法使用QQ。然而，令腾讯没有想到的，竟然有很多用户都选择了360，这令腾讯备受打击。要知道，对于腾讯和360这样的客户端软件，客户就意味着"命根子"，客户少了，就意味着企业要垮掉了。

随后两家公司走上了公堂，然后打官司也不能调和他们之间的矛盾。再这样僵持下去，就会产生"鹬蚌相争渔人得利"的场面。于是，腾讯改变了策略，不再与360死磕，而是开始了大范围的商业投资，全面寻找各领域的合作伙伴。几年下来，腾讯先后投资了京东商城、阅文集团、搜狗、拼多多、滴滴打车、摩拜单车……几乎渗透到了人们衣食住行的各个方面，在很多企业当中，腾讯还是大股东。京东"618"大促和"双十一"，挣钱最多的不是刘强东，而是腾讯；只用了三年就在美国上市的拼多多，腾讯占股18.5%；人们天天都在用的搜狗输入法，腾讯也是最大股东……

这一系列操作下来，尽管腾讯依旧很重视用户，但是再也不怕流失用户了，因为他建立起了一套"反脆弱"体系，让自己就在商战中不再那么容易遭受打击。最重要的是，以前人人都怕腾讯，怕腾讯仗着自己强大的用户基础涉足自己的领域，而现在人人都爱腾讯，都希望腾讯给自己投资。一件不确定事件，不但没有击倒腾讯，反而让腾讯变得更加强大了。

而作为腾讯对手的360，虽然输了官司，创始人周鸿祎还差点获罪入狱，但也在这场商战中获益匪浅。经此一战，360在业内的知名度暴涨，并且更加明确了自己的商业定位，找到了精准的用户群体，这对360后续的发展提供了强有力的战略支持。

人们都说："战争一旦打起来，就没有真正的赢家。"但腾讯和360却告诉每一位创业者，只要拥有了反脆弱能力，那就能变"杀戮"为"帮助"，就能在不确定事件来临之后，迅速调整战略，从死局中杀出一条光明大道来。那么，初创企业如何才能建立起"反脆弱"结构呢？

1. 主动接触风险，主动试错

一说到"风险"和"错误"，创业都避之不及，殊不知，该来的总是会来，逃是逃不掉的。唯一的办法，就是面对。试错是最有效的成长方式之一，小而快速地试错，能够帮助我们更快接触新事物、收到反馈，从而进一步完善自己的认知和方法论。用小的试错的方式，可以不断增加反脆弱的能力。因为每一次犯错，都能够为创业者带来一组"数据"，这组"数据"可以帮助创业者不断调整方向，最终走到正确的道路上去。

比如上面提到的内容中，腾讯逼迫用户二选一，以至于流失了一部分用户，这就是试错的过程，因为有了这个犯错的过程，腾讯才能迅速找到更广阔的发展道路。

因此，不要怕在创业的路上犯错，不敢犯小错，就要犯大错，而当你犯了大错，又还没有具备反脆弱能力的时候，那你就惨了。

2. 运用杠铃策略，一手抓一手放

杠铃的使用技巧是：保持平衡。在面对不确定因素时，一味地保守应对，就会令"杠铃"失衡。因此要一边求稳，一边放手一搏，也就是不把鸡蛋放在同一个篮子里，80%放在安全的领域，20%放在有风险但收益高的领域。还是腾讯的例子，腾讯放手全领域做投资时，并没有放弃社交领域，QQ、微信依旧是腾讯的王牌产品。

简单来说，运用"杠杆策略"，就是创业者给企业的成长上一把"双保险"的锁，让企业在面对不确定的风险时，拥有更强的力量去对抗。

最后，我们来看一下"反脆弱"的定义：事物如果可以从冲击（不确定性、混乱、压力、风险等）中受益，那么，它具有反脆弱性。说白了，企业的反脆弱性，就是能够在打击中获取成长的力量，去应那句"打不死我的，只能令我更强大"。

第 6 章
CHAPTER 6

营销手段千千万，收获真心方得始终

企业的目的在于创造顾客，想要创造顾客，就要了解顾客，而理解顾客和创造顾客不可或缺的手段，便是营销。孙子云："欲攻其身，先攻其心"。久战商场的营销人都知道，收获顾客的真心才是让他们开心掏腰包的正确方式。

○ 打造属于你自己的明星产品

对于初创企业来说，要想在当下激烈的市场竞争中脱颖而出，最重要的一点就是要有自己的"明星"产品。明星产品，顾名思义，就像是舞台上闪耀的明星一样，具有快速引爆、提升客流、拉动人气和销售业绩的作用，能够有效解决客流和现金流两大核心问题。纵观世界商业发展史，企业在其高速增长阶段，至少都有一款以上的"明星产品"做支撑。

"明星产品"存在的目的不仅仅是单品卖得好，更大的作用在于它对公司其他产品的带动作用。在整体销售低迷时，"明星"产品可以达到快速引流的作用，同时通过关联销售，带动其他销量较差的产品。另一方面,"明星"产品可以产生强大的品牌效应,企业无须额外花费巨额广告费用,便可实现更大的可持续的品牌曝光。

就拿重庆鸡公煲来说。鸡公煲就是"重庆鸡公煲"店内的明星产品,几乎每一个进店的消费者,都是冲着鸡公煲去的。但同时,店内还有烤鱼、牛蛙煲、蟹煲等产品。大部分冲着鸡公煲进到店里的顾客,通常也会再选择一两样店内其他的菜品。这就是典型的运用明星产品,带动其他产品销量的例子。但对于很多创业者来说,并不知道哪款产品才能担得起"明星产品"的重任,有的就算找到了"候选人",也不知道该如何进行打造。

首先,并不是所有的产品都能够成为明星产品,要成为明星产品,至少要有高流量、高曝光量和高订单量,能做到这"三高",意味着这款产品一定是一款极致的产品。要么这款产品的某项功能卖点做到极致,又或者这款产品的价格做到了极致;其次,这款产品能够引爆市场,产生极高的口碑效应。明星都具有庞大的粉丝量,明星产品也是如此。明星产品依靠的就是消费者口口相传的"美名",引发其他消费者的追捧,同时更多人的选择和购买又会进一步提升"明星"产品的势能。

通过以上两点,创业者可以根据自己对产品的了解,从众多的产品中选择一款最为符合的产品作为明星产品。如果难以预测出哪款产品能够畅销,那就根据自身的实际情况,去打造一款明星产品。在打造明星产品的时候，需要注意以下几点事项：

1. 从市场角度打造明星产品

通常，市场竞争愈激烈的产品，就是愈受消费者喜爱的产品，经营者也更倾向于将这类产品作为明星产品去打造。但经营者同时也要明白，市场竞争激烈，反而不利于产品成长。以手机市场为例，整个手机市场几乎没有真正意义上的明星产品，原因就在于手机市场争激烈，一旦有好产品出来，就会引起其他同行的模仿。这样一来，明星产品的优势就不复存在了。因此在选择明星产品时，最好不要选择那些市场竞争激烈的产品。同时，也不要选择定位小众化的产品。明星产品越大众化越好，否则明星产品也只能是"空中楼阁"，无法变成真金白银。

2. 明星产品要具备做"明星"的实力

张爷爷挂面在《舌尖上的中国2》中一炮打响后，西北菜餐饮集团西贝莜面村以600万元的价格将张爷爷挂面买断，然后推出了一款名为"张爷爷家原汁原味"的酸汤挂面。为了使这款挂面成为店内的明星产品，西贝莜面村的创始人贾国龙几乎达到了极端偏执的程度。他要求制作挂面的面粉必须用最贵的河套雪花粉，面条上桌时面汤的温度要维持在57摄氏度左右，用老鸡熬的汤必须要超过5个小时，西红柿必须经过发酵才可以做食材，甚至鸡蛋都必须是圆的。在这样近乎于苛刻的要求之下，"张爷爷家原汁原味"的酸汤挂面拥有了做"明星"的实力。

很多食客因为《舌尖上的中国2》慕名而来，品尝之后，发觉果然名不虚传。明星产品需要造势，但更需要过硬的产品质量，张爷爷挂面靠名气吸引来了顾客，最终靠味道留住了顾客，否则可以红极一时，却无法称霸一世。

3. 选择适当的时机推出明星产品

俗话说："时势造英雄。"精心打造出来的明星产品，要选对时间"入场"，才能带来最大的收益。最好是在人们需要的时候出现。早了不被人接受，晚了就成了过气产品。20世纪初，国内许多电器大品牌都推出了空气净化器，但由于当时空气质量还不错，所以大部分消费者都不需要空气净化器。但后来空气质量越来越差，布鲁雅尔适时推出了一款空气净化器，当下就打开了市场，成为了一款明星产品。

4. 与时俱进，为明星产品赋能

明星之所以被称为明星，还有一部分原因是它们消失较快，容易被其他明星掩盖住光芒。作为明星产品，也会面对这样的困境。市场是瞬息万变的，所以产品必须"投其所好，不断完善"，在明星产品基本定位不变的前提下，要与时俱进，不断更新功能，以满足消费者不断变化的需求。海飞丝从更初的寥寥几个细分功效产品，到如今多达14款缤纷产品，增加了深层洁净、清爽去油、怡神冰凉、海洋活力等迎合市场更多需求的分类，稳固保持"去屑洗发水品牌"的地位。

"明星产品"的塑造并非一蹴而就，需要时间，耐心和精力。一旦塑造出了一款明星产品，那便可以起到"以点带线、以线带面、以面概全"的作用。

○ 吸引人的是广告，征服人的是品质

信息闭塞的年代，人们曾说："酒香不怕巷子深。"但随着信息技术的发展，各种广告铺天盖地，要想闯出名堂，就得靠打广告来提升知名度。最早是报纸，后来是电视，现在是互联网。互联网的传播速度快，几乎一夜之间，就能让一个产品达到家喻户晓的地步。但同时也有一个弊端，那就是太快了，当产品的质量提升跟不上广告的传播速度时，悲剧就会出现。

雕爷牛腩曾红极一时，可称得上是网红店的鼻祖。当年雕爷牛腩能迅速打开知名度，离不开其成功的宣传手段。

2013年，餐饮市场一片萧条，在这种情况下，雕爷牛腩的创始人

孟醒只用了两个月的时间，就实现了所在商场餐厅坪效和翻台率的双冠军。当时自媒体运营刚刚兴起，孟醒抓住了这个机遇，运用互联网思维将营销玩得炉火纯青。

"500万元买式神配方"

"可以带回家的定制筷子"

"蒙着黑纱的服务员"

"长达半年的封测"

"偶遇各路明星"

……

几乎每隔一段时间，就能在各大公众号看到雕爷牛腩的信息，种种营销吊足了消费者的胃口，一下子蹿红为需要排队等位的餐厅，很多人大老远地跑来打卡，只为尝一尝味道到底有多好，是否真的能遇到明星……

在北京仅仅两家店铺，雕爷牛腩就获得投资6000万，估值4亿。面对这一匹"黑马"，餐饮业人人自危，预感网红餐厅将要颠覆传统餐饮了。因此，一大批网红餐厅迅速崛起。

然而好景不长，随着营销期渐渐过去，尝鲜打卡的顾客逐渐减少，雕爷牛腩的营收急剧下滑。第二年，便流出"雕爷牛腩不好吃"的传言。面对负面传言，孟醒不但没有及时寻找原因，反而翻脸嘲弄大众"天天吃盒饭，味蕾没打开"。此言一出，得罪一片。

到2016年时，雕爷牛腩排长队等餐的情景已经不复存在，日营业额从巅峰时期的100万下滑到只有20万左右。

按理说，雕爷牛腩抢占了市场先机，开了一个好头，如果经营得好，那一定是越来越好的状态，但坏就坏在营销手段够高明，但产品却拖了后腿。当初，雕爷牛腩的定位为轻奢，以高端珍贵的食材为特色，主菜只有四道，而且用餐必须点主菜，谁会愿意反反复复只吃那几道菜呢？另外在新品的推出上又不够严谨，很多菜品没有经过严谨的调研就上了菜单，顾客一方面要面对味道不佳的现状，还要面对爱吃的菜品被下架的无奈。因此，老顾客越来越少。

当营销脱离了产品，产品撑不起营销时，那走向失败是必然之势。曾经有这样一句广告词："新飞广告做得好，不如新飞冰箱好。"这虽然只是一句广告词，却说出了经营核心——品质比广告更重要。想要长久不衰地经营下去，那就一定要练好"内功"。

多年前，王宝强和徐峥拍了一部喜剧电影，电影中王宝强饰演的是做葱油饼的小贩，而徐峥则是大公司的老板。当徐峥得知，王宝强靠卖葱油饼一个月净赚2万多块钱时，徐峥让王宝强将卖葱油饼的技术卖给他，王宝强很高兴地说"可以"，但前提条件是，必须王宝强本人亲自做，不能速冻，不能请人，必须新鲜出炉。徐峥听到此，无奈地表示王宝强这辈子只能卖葱油饼了。

当人们站在观众的角度上时，会嘲笑王宝强的角色太过于愚钝，放着挣钱的机会却不挣。但当人们站在消费者的角度去看待这件事时，又希望所有的商家都能如王宝强的角色一般，将产品的品质放在第一位。

现实中，就有这样一位师傅，因为产品品质出众，吸引来成千上万的消费者，宁愿排长队也要尝一尝他的手艺，这个人就是上海"阿大葱油饼"的店主。

"阿大葱油饼"开在一条不知名的小巷子里，每炉只做20个，耗时30分钟，每天只能做300个。也因此，店门口总是排着长长的队伍，有时候要排四五个小时才可以一饱口福。可不管队伍有多长，店主也不会因此而改变做饼的工序，时间不会多一秒也不会少一秒，就算顾客已经"怨声载道"了，店主也只能一脸无奈地说："快不了，快了外面焦了，里面却不熟，猪油化不掉，味道就变了。"好不容易等到出锅，心急的顾客忍不住伸手去拿时，店主又会说："不要着急，要放两分钟才可以，否则饼皮不脆。"

虽然"阿大葱油饼"的经营理念有一定局限性，但却告诉我们一个实实在在的道理，那就是征服人的永远是产品的品质。广告可以将人吸引来，却无法将人留下来。想要征服消费者，让消费者成为你永远的追随者，那就得在产品品质这块追求极致，让他人无法赶超。

1. 坚守原则，坚持初心

市场瞬息万变，面对市场这个难搞的对手，经营者需要投其所好却不能任其摆布，既要适应市场不断变化的需求，但同时也要拥有一份匠心，做高品质的产品。做餐饮的公司，就要以让顾客吃到健康美味的食品为信仰；做房地产公司，就要将让消费者住上更加安全舒适的房子作为自己的信仰。只有这样，餐饮公司生产的食物才不会有地沟油、有害物质超标这样的情况出现；房地产公司建造的房子，才不会出现豆腐渣工程。

2. 多点耐心打磨好产品

李子柒是在网络上拥有千万粉丝量的短视频创作者，为了给粉丝们带来更具有观赏价值的短视频，李子柒的每一个视频，都花费了大量的时间和精力。在录制酿造酱油的那一期，她前前后后花费了两年的时间，最终剪辑出来的视频只有五分钟，但粉丝们却看到了一颗黄豆，是怎么经过日月的沉淀变成一滴色泽浓郁的酱油的。在拍《秋千沙发床》时，她累计拍摄素材2000余条，但成品只有近五分钟，这期间劈木材、钉桩等粗重劳动使她屡次受伤，但为了减少相机损耗，她咬着牙坚持到最后。不管什么产品，只要追求好，就需要时间来打磨。不管是需要几天，还是几个月，甚至是几年，不问结果，只求在这个过程当中，做到最好。而好的东西，一定会得到消费者的赏识。

3. 花点心思做好产品

其实做好产品并没有什么诀窍可言，只有简单的"用心"二字，而这两个字，实则又是最不容易做到的。因为这需要极度的耐心去支撑，很多人一辈子都学不会"用心"二字，而有的人，一旦用起心来，就能够用一辈子。比如：有人会用十年的时间，去熬一锅美味的羊羹，会为了让羊羹保持十年如一日的口感和味道，每天研究制作工序。想要用心打造自己的产品和服务，就要达到这种忘我的境界，自己的产品才能像被施了魔法一般，对消费者充满了吸引力。

在消费升级的今天，消费者对产品品质的要求越来越高，只有提供高品质的产品才能够满足他们的需求，建立品牌口碑和信誉，从而增加企业的盈利能力。

○ 取悦所有人，就是得罪每个人

大多数创业者在做品牌营销时，都追求"大众熟知"，因为征服的用户越多，证明产品市场越大，受益也就越高。这个想法看上去十分符合逻辑，实际却大错特错，当你打算取悦所有人时，其实就已经得罪了每一个人。

因为我们没办法做到让每一个人都喜欢，我们的时间、精力都是非常有限的。有限的时间如果用在让每一个人都喜欢上，那就是不可能完成的任务。最后的结果，就是丢了目标用户，也没能在大众心中留下深刻的印象。

李宁是我国著名的体操运动员，他在退役之后，创办了李宁体育用品有限公司，并且与中国体操队形成了战略合作关系，那时候只要体操运动员参加运动会，都会身着李宁品牌的运动衣，李宁那句"一切皆有可能"，也是达到了妇孺皆知的地步。但是在2014年，李宁的地位被安踏取代，原因就在于李宁一次错误的品牌重启计划。

2010年，李宁品牌不但更换了商标，还将自己定位为"时尚、酷、全球视野"，同时也将价位进行了提升。这一定位一下将李宁的目标客户群，从"70后"转变为了"90后"。更要命的是，李宁对"90后"这个消费群体却并没有了解透彻。当下的年轻人更加青睐于阿迪、耐克这样的"外来和尚"，再加上李宁提价后与阿迪、耐克的价格又并没差多少，更加不具备竞争力了。

李宁本以为自己已经抓住了一部分老用户，便想在此基础上去拓展新的用户群，结果却是"赔了夫人又折兵"，不但没有抓住新的顾客，反而还丢掉了老顾客。

品牌营销，不能"贪"多"贪"全，更不要妄图让各个行业的人都成为你的用户。即便你拥有十八般武艺，那也只能突出一个。你的定位永远都是你自己释放信息的原因，你释放什么信号，别人就怎么理解。因此，你所做的一切，都要以目标用户群为主。

蒙牛集团在创建之初，实力十分弱小，资金只有一千多万，这在乳品行业实在是微不足道。在当时的内蒙古，市场上的第一品牌是伊利，无论男女老少，都知道"风吹草低见牛羊，伊利奶粉美名扬"这句广告词，相比较之下，蒙牛就是无名小辈般的存在。

2005年，蒙牛推出一款酸奶饮品——酸酸乳，该产品将目标客户群定位为12～24岁的女孩儿。为了使这款新产品能迅速打开市场，蒙牛与湖南卫视共同打造了"快乐中国蒙牛酸酸乳超级女声"年度赛事活动。活动从海选开始，只要是心怀梦想的女生都可以报名参与。因此在开始报名后的短短两三个月时间里，5个赛区就吸引了15万余名报名选手直接参与，每周超过2000万人热切关注；观众总数目达到4亿人次，而观众的年龄基本集中在12～24岁。而这个年龄段的消费者不会将价格作为购物的首要考虑因素，她们更在乎的是"我就喜欢"。所以蒙牛酸酸乳无论是从产品设计本身，还是产品在产品线中的角色与地位，都力求与目标客户群的需求相符合，这就使得酸酸乳在目标客户群心中占有了一席之地。

定位的目的是要在预期客户的头脑里给产品定位，确保产品在预期客户头脑里占据一个真正有价值的地位，以控制消费者心智，形成竞争优势。定位与品牌之间的关系，就好像一个是水，一个是舟，水能载舟亦能覆舟。合适的定位可以让品牌步步高升，相反，错误的品牌定位，也会让产品跌入谷底。

那么创业者该如何进行品牌营销定位呢？需要从4个纬度深入洞察分析，分别为：市场、心智定位、表达定位以及传播定位。我们以瑞幸咖啡为例，进行简单分析。

1. 进行市场定位

市场定位是指为使产品在目标用户心目中相对于竞争产品而言占据清晰、特别和理想的位置而进行的安排。创业者只有通过深入地分析市场，才能看清趋势是什么？然后，才能找到机会究竟在哪里？从而对品牌进行准确的市场定位。

瑞幸咖啡赶上了新零售的大好时机，当时"点外卖"这种形式正以一种全新的零售方式出现在人们的生活当中。而以星巴克为代表的咖啡品牌，仍旧沿用的是传统的商业模式。瑞幸咖啡不但看到了新零售这种商业模式的发展趋势，还看到了咖啡这个品类的需求增长，于是将自身定位为新零售。

2. 进行消费者心智定位

即在消费者心智中确定一个位置。消费者对一个品牌有好感，才会选择并购买，或成为品牌的忠实粉丝。这就需要品牌所倡导的价值观与消费者自身的价值观高度契合，产生共鸣。

瑞幸抓住了当下年轻人追求潮酷，喜欢标新立异的人生态度，将自身定位为新潮和乐趣。在新产品的开发中也是不断"翻新花样"，比如：2023年推出的"酱香拿铁"，在全网掀起了一股品尝热潮。

3. 进行表达定位

品牌在市场中必须要去主动地推广与传播，这个过程也可以成为沟通，与消费者沟通，并传达出如下信息：

我是谁？

我跟其他品牌有什么不一样？

我能给你提供什么价值？

我提供的产品利益点有哪些？

有时候，仅仅是文字语言的表达是不够，还需要通过五感与消费者进行沟通，五感就是：视觉、听觉、味觉、嗅觉、触觉。品牌要根据自身的情况，选择五种不同的感知入口。一般情况下，品牌会选择文字语言与视觉语言去表达自己的定位。

瑞幸在包装上就采取了视觉语言的表达，一改食品传统的暖色调，转为蓝色的冷色调，再在冷色调的基础上，增加一些色彩元素，给人一种耳目一新的感受。

4. 进行传播定位

传播定位，就是将品牌价值通过一次又一次有创意的重复传播沟通。因为我们正处在一个信息爆炸的时代，每天会接触成百上千的品牌信息，这种背景下，只有通过一次又一次的有创意的重复传播，才能让品牌在消费者的脑海中形成一个强烈的记忆点，形成一对一的品牌联想，达到占领消费者心智的目的。

瑞幸几乎每隔一段时间，就会推出新产品，给消费者带来新惊喜、新刺激和新乐趣。比如：在春日推出限定新品"黄山毛峰拿铁"，将中国传统的茶叶与舶来品咖啡进行融合；在春节期间推出新年限定"茅台酱香巧克力贺岁红龙拿铁"……一系列的新品搭配着精心设计的包装，一次又一次在消费者面前刷够存在感。

产品做品牌就像是在挖地下水源，通过不断地在这个点上的深挖，一旦打通了这个点，就会有源源不断的水涌出来。对于创造者来说，一旦为自己的品牌找到了合适的定位，就等于拥有了一笔"固定财富"。因此，品牌一定要定位营销，与其让十万个人说不错，不如让一百个人尖叫。

○ 讲好一个故事，赢得顾客的倾心

有人说："这个世界是懒人创造的。"这话一点也没错，因为懒得走路，于是发明了车轮，然后有了马车、汽车；因为懒得做饭，便有了饭店；同样，因为懒动脑，那些关于逻辑、规律、原理之类的内容，消费者并不爱听。与其花一天的时间，用那些晦涩难懂的专业术语给客户讲品牌的材质多么高端，技术多么先进，不如花一天的时间，给消费者讲一个动人的故事,因为故事完全不用动脑就能听懂。

谷歌就曾经讲过这样一个故事：

故事的主人公是一个小女孩儿，她的爸爸在谷歌工作。有一天，她用蜡笔给谷歌公司写了一封信，信上说她希望爸爸能够在他生日当天获得一天假期，这样自己就能够为爸爸庆祝生日了。谷歌公司在收到这封信后，立刻作出了回复，满足了小女孩儿的愿望，给她爸爸放了一周的假。谷歌这一温暖的举措一下子触动了广大网民，立即提升了谷歌在大众眼中的形象。

无论是一个新楼盘亮相，还是一个新产品上市，抑或者是一部电影推出……想要引起消费者们的广泛关注，就需要精心分析客户需求，精心挖掘产品价值，系统性的包装推广策划和高效率的执行落地，而这一系列的行为，最终呈现在客户面前的，就是能吸引人、打动人的品牌故事。简而言之，成功的营销就是要先把思想装进用客户的脑袋里。面对大众，感性的诱惑永远比理性的说服更加重要。

首先，充满了感情色彩的故事有助于加速建立信任感。"乔哈里视窗"指出，想要获得更多的影响力和信任感，就要不断地放大公开区域，多讲述关于自己的故事，人们知道得越多，对你的信任感就会越强；其次，一个动人心弦的故事，有助于客户在短时间内记住你。人类天生就爱听故事、记故事，但不爱听数字、更记不住数字。因此，想要让客户记住你，就要多给客户讲故事。成功的营销人，一定是一个会讲故事的高手。

你可以讲"创始人"的故事。英国的Innocent（天真）果汁在品牌创立初期，就通过"扔垃圾"的方式，向顾客讲述了创始人的故事。

1998年的一个夏天，三位剑桥大学的同学理查德、亚当和乔恩决定共同创办一家专注于天然果汁的公司。他们买了500英镑的水果，研发了第一款奶昔的配方，但是他们非常焦虑要不要放弃正经工作，专职创业。于是他们在伦敦的一个音乐节现场摆了一个小摊，小摊上挂着一个横幅："你觉得我们应该辞职来做果昔吗？"然后在小摊旁边放了两个垃圾桶，一个写着"YES"，另一个上面写着"NO"，并请顾客们把空瓶扔进对应的垃圾桶内。

到了周末，写着"Yes"的垃圾桶都填满了，于是他们三人第二天就去辞职了。第二年四月，Innocent Drinks成立了。

你也可以讲"用户"的故事。西瓜视频的一条跨年TVC，用用户的故事触动了千千万万个用户。

故事里讲述了三个拍视频的普通人。一个是为了照顾生病的父亲，从城市回到农村的麦小登，她的镜头下，记录的是自己干农活，与父亲生活在一起的日常生活；一个是出海打鱼的渔人阿烽，他的镜头下，记录的是自己赶海的日常；还有一个是56岁的苏敏阿姨，在为家庭付出了大半辈子后，毅然决然决定自驾旅行，她的镜头下，记录的是沿途的风景和旅游的日常。

用户们在这些镜头下，或多或少地看到了自己的影子，同时也感受到了精神的寄托。

你还可以讲关于未来的故事。未来的故事不是讲领导者未来如何，也不是讲平台未来的故事，更不是讲企业未来的故事，而是讲关系到每个人未来的故事。可以讲未来的故事，也可以讲过去的故事。只要故事讲得足够打动人心，品牌的形象就能够深入人心。

好的品牌故事是消费者和品牌之间的"情感"切入点，赋予品牌精神内涵和灵性，使消费者受到感染或冲击，全力激发消费者潜在的购买意识，并使消费者愿意"从一而终"。当一个创业者能够讲好自己的故事时，他的品牌建设才算是真正地"站"起来了。就像海底捞，就是讲好了"服务好"的故事，在人们的津津乐道中，口口相传之中，完成了品牌建设的第一步。

可见，讲故事，是最基本的品牌建设方法。好的品牌故事是消费者和品牌之间的"情感"切入点，赋予品牌精神内涵和灵性，使消费者受到感染或冲击，全力激发消费者的潜在购买意识，并使消费者愿意"从一而终"。当一个创业者能够讲好自己的故事时，他的品牌建设才算是真正"站"起来了。就像海底捞，就是讲好了"服务好"的故事，在人们的津津乐道中，口口相传之中，完成了品牌建设的第一步。

那么，对于零基础创业的创业而言，该怎么讲好一个故事呢？或者说，对于没有故事的创业者来说，该怎么去讲一个动人的故事呢？一个好的故事，可以通过以下步骤设计出来。

1. 找到你的受众群体

在讲故事之前，首先要弄清楚品牌的受众是谁，这个故事将对受众产生怎样的影响。

2. 设定故事的背景

故事一定要发生在一定的背景之下，才更具有真实性和感染力。比如：你做的是茶叶品牌，那么你就可以以茶的品种历史作为切入点，也可以以茶的产品作为切入点。如果你卖的是不具备这种历史底蕴的东西，比如是童装，那么你也可以从童装的一个小故事作为切入，比如父母和孩子关于衣服的一个感人小故事等。不管故事是不是真实发生的，在讲的时候，情感都要真诚，遵循真实性原则。

3. 找到故事的爆发点

即故事因何而起，也就可以称之为故事的导火线，比如：白雪公主因为被后母迫害才逃跑，进而引出了后面精彩的故事。通常故事的导火索，就是破坏主人公正常生活的直接事件。

4. 故事要跌宕起伏

想要故事打动人心，主人公就要成为"英雄"一般的存在，因为人们都是慕强的。尤其是那些励志的、自强的主人公，会格外受人喜欢。因此，故事情节要跌宕起伏，要体现出主人公为了追求目标而奋斗努力。这个目标可以是外在的，如一笔奖金；也可以是内在的，如正义战胜邪恶。同时，还要讲主人公奋斗的历程中，他是如何一步一步接近目标，实现目标的？这个过程中遭遇了哪些困难？又是如何战胜这些困难的？

5. 故事中要有高光时刻

当故事接近尾声时，其实目标是否实现已经不重要，重要的是这个过程中，主人公是否具备"高光时刻"，这个高光时刻可以是拥有，也可以是失去，是整个故事矛盾点最突出的部分，也是最让消费者津津乐道，或是意难平的部分。

最后，需要注意的是，故事不可过于冗杂，否则容易导致"审美"疲劳，适可而止一直是所有事物的完美状态。

讲好故事，只是品牌建设的第一步。当你的品牌已经靠故事被大众所熟知，你还要将品牌深深扎根在大众的心中。这时候，就需要赋予一定的"文化"，比如：奉行"极简主义"的无印良品，无论是家具，还是服饰，都是极简主义，十分具有辨识度。

乔布斯创立的苹果，不但得到了大众的认可，还得到了大众的追捧，甚至有人会因此失去理智。

从"故事"到"神话",是一条任重而道远的道路,对于创业者来说,首先要做的,还是先把故事讲好。只有先讲好了故事,才有成为"神话"的可能。

○ 用好互联网，一传百百传万

在当下这个时代，无论你处在哪个行业，互联网营销都是最直截了当的方式。互联网营销，简而言之，是通过互联网平台实施营销活动的过程。互联网营销具有诸多优势，其中之一是成本相对较低。另一方面，互联网营销具备全球性覆盖能力，且传播速度较快，在短时间内，就能达到一传百，百传万的效果。

刘祥娟出生在一个有着多年制作粉条经验的家庭，其父有着精湛的粉条加工技艺和40余年的粉条制作经验。2021年，刘祥娟因身体原因辞职回了老家。那时候短视频已经兴起，刘祥娟便将父亲做粉条的过程拍了下来，并配音："粉条不是菜，大家都喜爱！大家好，我是娟姐……娟姐家的红薯粉条不加明矾不加胶，露天自然晾晒，没有任何科技与狠活……"

视频一经发布，就引起了网友的广泛关注，纷纷在视频下留言：

"你这粉条卖不卖？"

"能不能给我邮点儿过来？我付邮费。"

"在哪儿可以买到这种真的红薯粉条啊？"

……

网友们的支持让刘祥娟看到了商机，若是能够通过互联网平台，打开自家粉条的知名度，那父亲就再也不用在寒冬腊月里走街串巷地售卖粉条了。

说干就干，刘祥娟很快就在短视频平台注册一个名为"娟姐家的粉条"的账号，专门用来发自家粉条的制作过程。纯手工制作的粉条，大受网友欢迎。原本要卖一整个冬季的7千斤红薯粉条在短短一个月内被抢购一空。

现在，刘祥娟家的粉条已经从最初的7千斤变成了3万多斤，年产值50万元左右，从原来的家庭小作坊变成了有工人、有设备、有冷库的小型工厂，还开设了自己的门店。这一切都离不开互联网强大的宣传作用。

1. 抓住网络热点进行营销

每隔一段时间，网络上就会流行起一个"梗"，比如：2023年的你是"i人"还是"e人"。所谓的"i人"和"e人"的说法，来自MBTI人格测试，指的是两种不同的人格，"i人"代表是"内向的社恐人士"，"e人"代表的是"外向的社牛人士"。这种人格测试正好符合了年轻人们喜欢自我探索的需求，同时也美化了"社恐"或是"社牛"的行为，因此在网络上火爆。

当人们还沉浸在人格测试的娱乐中时，很多商家已经看准了这个机会，为自己的品牌做起了营销。

2023年7月，星巴克联合MBTI官方机构推出"社交人格测试"互动H5，以10道全新测试题浅析用户人格，在得出性格类型的结果时，给用户推荐对应的新品咖啡。这波操作，直接吸引了追求潮流的年轻人，星巴克不但销量上去了，话题度也直线上升。

同时海底捞在北京的部分门店，推出了i人和e人专属的等位区域，并在现场发放i人和e人专属的标识。此举引来网友热烈的讨论，在网络时代，有话题就有流量，有流量就利润。很多顾客纷纷表示，要去现场体验一下，还有调皮的顾客，故意坐错位置，事后发布到网上，再次引来网友的一波讨论。

不仅是餐饮业、服务行业、珠宝行业，甚至是航空业都在围绕不同的人格特点大做文章，狠狠地在消费者心中刷了一波存在感。

2. 利用微信社群进行营销

微信群作为一种新兴的营销方式，越来越受到广大企业的青睐。它不仅能够帮助企业宣传产品，还能够与消费者建立起良好的关系。

慕言女装能够成为步行街老顾客回头率最高的女装店，靠的就是店主"微信社群营销法"。首先，每一个到店里的新顾客，只要扫描店主的二维码，就会被拉进店里粉丝群，以后再来买服装，付款时就可以直接享受九折优惠。其次，老板还会频繁利用微信群进行营销，会不定时进行秒杀活动，有时候是一些滞销款进行低价销售；有时候是一些比较热门的首饰包包进行平价销售；有时候还会发红包，手气最佳者可以获得一个精美的小礼物。所以，在群里的客户们都不会退群，因为在群里可以享受到实实在在的优惠。最后，老板会将店里的超级VIP单独成立一个群，在这个群里，会优先发布一些新款的活动价，一些促销款也会率先发到VIP群中，让VIP用户优先抢购低价产品。

开店不到两年时间，慕言女装的粉丝群就已经做到了三个，其中两个已经做到了满员的程度。很多老顾客，在店主做活动时，还会主动将亲朋友好友拉至群中，一起"捡便宜"。

现在，越来越多的行业都意识到了微信群营销的重要性，几乎每个行业都有自己的微信营销群。值得注意的是，微信群最主要的功能，是用来维系客户，帮助我们更好地了解客户需求，为下一步营销提供有力的支持。因此，不要频繁在群里发广告，同时也要维持好群规，不要让营销群成为"垃圾信息"的聚集地。

3. 利用短视频进行营销

近几年，短视频十分受网友们的欢迎，早期有秒拍、美拍等，现在有抖音、火山小视频等，只要是有趣的短视频，都会引起广泛的关注。

COCO奶茶曾推出一款"抖音奶茶"，让原本已经是做好配方的奶茶，变成了"自选奶茶"，消费者可以根据自己的喜好，选择加些什么配料进自己的奶茶里，然后再将"秘密配方"在抖音上发布，以此来吸引更多的消费者前来品尝。

在短视频领域，只要有创意，就不愁得不到关注量。比如：一家卖水果茶的店，"发明"出了一款"会生气的水果茶"，当顾客拿在手里时，水果茶会冒出团团"仙气"，此视频发在抖音上后，立刻得到了三十多万的点赞量。而实际上，店主只是在水果茶中加入了会"冒烟"的干冰而已。

纵观那些在抖音上拍短视频进行营销并且成功的案例，要么是有趣，要么就是有用，总之需要创意，才能够产生吸引力。

商业的本质是不会变的，变的永远是用户的购物方式，因此，营销方式也应打破空间、打破时间，在互联网的速度下，实现更快、更灵活、更广阔的传播。

从 0 到 1 学创业模式

第 7 章
CHAPTER 7

做狼群之首，将果断和人情发挥到底

如果经营者"要把公司搞好""要提升业绩"，那么，首先自己必须站在最前头，以身作则，拼命工作。员工看着劲头十足、干活麻利的领导背影，学习模仿，潜移默化，最终成长为一样能干的人。

○ 归功于外因，归咎于内因

经营一家公司，要面临很多风险，一旦做出错误的决断，就可能导致公司陷入困境的情况时有发生。当公司遇到了问题，很多创业者要么认为是政策等不可控的因素导致的，或者认为是合作方搞垮了他，合作方是骗子。总之，很少从自身寻找原因。

这也是人之常情，人们都喜欢归功于自己，而将失败的原因归咎于他人。但作为一个企业的经营者，作为员工们的管理者，凡事不从自己身上找原因，只会从外因找借口的话，那不但不能得到手下人的认同，也无法让企业长久地发展下去。

马克思曾经说过，事情的发展，外因是条件，内因是决定性因素。对于创业者而言，如果出现了问题，那首先要从自身管理和经营中的问题出发，用内向思维去解决问题。这就要求经营者在遇到经营困难时，将关注力放在自己身上，不掩饰问题，不抱怨，也不推卸责任，不为自己找借口，一心寻求解决问题的办法。

在2001年戴尔公司的年度总评会议上，有员工向戴尔本人提出意见，认为他为人过于冷淡。面对员工的批评，戴尔当着大家的面，承认了这个问题，他说："我个人太腼腆，显得有些冷淡，让人觉得不可接近，这是我的失误。在这里，我对大家做出承诺，今后我会尽最大努力，改善与所有员工的关系。"

事后，记者采访戴尔，问他："难道您就不担心员工提出的关于您的意见，是您根本不存在的吗？"对此，戴尔笑着回答说："戴尔公司最重要的一条准则是责任感。我们不需要过多借口，只要拥有高度的责任感就行，在戴尔公司你绝对不会听到各类推诿之词。"戴尔的回应在公司内部引起了巨大的反响，员工们认为：老总这么勇于承担责任，自己还有什么理由去找借口呢？

同样，香港首富李嘉诚也是如此，在李嘉诚看来，部下犯错就是领导者的错误。只要是工作上出现了问题，李嘉诚会带头检讨自己，把责任揽到自己身上。说来也奇怪，李嘉诚越是这样做，员工就越觉得自己不该逃避问题。

换个角度来说这个问题，如果你是员工，你是愿意跟着一个遇到问题就把责任往下属身上推的领导呢？还是愿意跟着一个敢于担当的领导呢？答案不言而喻。那如何成为人人都愿意跟着的领导呢？

1. 不找借口，借口是责任的"敌人"

在公司中，每个人都有自己的责任，责任的履行关乎着工作的质量，但负责任的同时，就意味着要承担压力，压力之下，就容易产生借口。而用"内向思维"解决问题的最大敌人，就是找借口。

美国著名的行为学家乔治·弗兰克表示：从表面上看，借口不是那么起眼，也不是那么残酷，但是它往往会给人留下许多条退路，这些退路会使人变得消沉，从而无心挑战自己的人生，做好自己的工作。

因此，在面对失败和问题时，许多经营者就会下意识地给自己找这样或是那样的借口。但如果经营者带头找借口，那么下面的员工也会习惯性地为自己的工作失误找借口。当经营者发现员工屡屡推卸责任时，就要及时反省，因为这正是公司中众多问题得不到解决的根本原因。

遇到问题，承认问题才是解决问题的第一步，越是躲着问题，问题就越是揪着你不放。只有承认当下的处境，直面自己的错误，才是解决问题的首要途径。

2. 正视问题，解决问题

面对问题，如果采取回避的态度，那和没发现也差不多。甚至还有可能为问题带来更为严重的后果。因此，作为领导者仅仅是勇于承认问题还不够，还要努力寻找解决问题的途径。

厨师出身的范景杰从五星级酒店辞职以后，就自己经营了一家名为"桃花源"的火锅店，由于味道不错，并且善于经营，短短几年的时间，"桃花源"就在当地开了三家分店。虽然发展势头强劲，但在发展中出现的问题依旧不少，最严重的就是在每年三四月份，店铺的营业额都会出现大幅度缩水，但店铺的人力、物力成本在这期间并不会降低，因此，对于范景杰而言，如何解决淡季客流量的问题，就成了重中之重。

但是对于餐饮业而言，经营存在淡季和旺季也是十分普遍的问题，针对这一现象，很多餐厅都选择打折、推出新品、做促销活动等多种方式进行营销，但是效果却都不太理想，因此，淡季"节流"成了很多餐厅的首要目标。

按理说，有了许多的"前车之鉴"，范景杰也应该是认清"现实"，不再做无谓的挣扎了。但是范景杰偏偏没有被客观因素打倒，他认为一味地逃避无法让这个问题消失，只有不断改变自己，才能真正地解决问题。于是，范景杰根据自身的特色，制定出了一套清晰的淡季营销体系，"半价接力"是这套体系的核心概念。

具体实施的过程是，从3月中旬开始，3家分店实行菜品轮流半价促销，每家持续时间为一周，在活动期间，店铺内部分特价菜和酒水也参与其中。由于3家分店每家的特色菜都不同，再加上"桃花源"升级版的待客方式，此次活动效果显著，总客流量居然超过了平时。

创业者是初创公司的领头羊，是一切问题的导向，身上肩负着更多的责任，因此经营者时刻思考的问题，就是"我该怎么解决"，积极面对更复杂的难题，不推卸责任，避免出现让员工心寒的逃避行为。

当领导者能够树立起"一切问题在我"的意识时，员工也会被影响，在遇到问题时从自身找问题，不抱怨环境，不埋怨他人。想象一下，在一家公司中，从上至下都不逃避问题，遇到问题，正视问题，想方设法解决问题，这样的公司还愁不会发展壮大吗？所以，聪明的创业者会将一切功劳归于他人，而将一切问题归咎于自己。

○ 好的人才，是培养出来的

一个公司的发展，永远面临着两个问题，一是生存，二是发展。无论是生存还是发展，都需要人才，经营者想要在激烈的市场竞争中保持领先，那就需要更多的人才，而且是优秀的人才。那么问题来了，优秀人才是培养出来的还是自己成长起来的呢？

作为领导人，肯定是希望人才能够自己成长起来，毕竟员工"自我成长"，企业的培训成本就能降低，而且拥有"自我成长"意识的员工，都有着强大的内驱力，不用鼓动，就能以十足的热情投入到工作当中。这样的员工，可以说是领导者们梦寐以求的人才。

但这里忽略了一个前提，就是优秀员工本身就是一个十分优秀的人，而这样优秀的人才也需要"土壤"才能成长，"土壤"里需要环境、榜样、物质和精神激励等"养分"。能得到这样的员工，自然是好事。但大多数时候，经营者遇到的员工，都是普通的人才，需要经过千锤百炼，才能够成为优秀的人才。

1. 寻找"潜力股"人才

人才"潜力股"和已成才的人才不同，"潜力股"人才很容易、也很愿意到能让他崭露头角的创业企业中来。而已成才的人才，往往想要找更加成熟的企业，帮助他们进一步成长。面对"潜力股"人才，经营者需要展示出公司的发展愿景和可以实现的路径，并让对方感受到你的人格魅力，才有可能吸引到潜在人才。

那如何寻找"潜力股"人才呢？基本具备以下特征的人才，就是十分有潜力的人才了：

①有良好的品质；

②拥有足够的自信心；

③有冲劲、有斗志；

④不怕犯错、不怕批评、不怕吃苦；

⑤敢于质疑和表达不满，并能虚心接纳意见；

⑥有清晰的个人目标。

优秀是不断变优秀的过程，只要一个人拥有以上几种特征，那么就一定能够在日复一日的磨练中，逐渐变成优秀的人才。

2. 培养人才之前，要有一段"留观期"

创业者开始找人很难，但宁可半年招一人，也不要仓促上马，找一堆并不适合的人来。最开始招募的人决定了企业文化的走向，如果你的企业能长大的话，这些人就是未来的核心管理层。

因此，在招募人才和培养人才之间，要留出一段"留观期"。观察什么呢？观察能力。人，作为一个变量，个体与个体之间存在着巨大的差异，即便是同一个人，在不同的团队中，表现也会有所差异。而经营者往往要面对多个员工，怎样让这些能力不同、心中愿景不同、头脑中想法也不同的人成为公司不可缺少的"螺丝钉"，是每一个经营者都要面对的问题。将合适的人安排在合适的岗位上，这样才能将每个人的长处发挥得淋漓尽致。若是将不合适的人，放在不合适的位置上，员工则会缺少工作兴趣，没有兴趣就没有热情，没有热情就会消极怠工。

3. 亲自出马，手把手教

经营者培养人才，一定要有亲自打磨新人、亲自带队、亲自把所有的坑都走过一遍的经历，因为没有经历，就没有自己的方法论，没有方法论，就无法建立完整的逻辑去培训人才，也无法拥有属于自己的人才。因此，对于创业公司来说，培训人才的最好方式，就是经营者言传身教，想要员工做到什么程度，自己就要先人一步做到。并在这个过程中，不断完善自己，成为众人的榜样，为人处世要讲究原则，知错能改，对工作要表现出热爱之情，面对反对的声音，要耐心倾听、虚心接受。

作为初创公司，经营者既是公司的领导者，也是公司的管理者。如果你没有自己带着团队摸爬滚打，只是在上面发号施令，你就没有属于自己的团队，只有一群上班的员工而已。

4. 建立定期考核制度

考核制度不必流于形式，可以简单从敬业精神、业务能力和团队协作能力三个维度来考评。例如：每项考核的满分是10分，然后对员工进行评分，最后再根据总分评选出10%的优秀员工，并找出10%的不合格员工，剩下的员工就是良好和合格。如果是经营者直接管理员工，那么这套考核体系可以很好地用来震慑员工。如果经营者是通过管理层来考核员工，那么这套体系对于管理层也能起到一定的约束作用，因为"优秀"和"不合格"两个硬性标准，使得管理者不会为了维护自己的团队而让每个员工都拥有"中等"的评价。

不管采用什么样的考核制度，都要给员工留有一定的"申诉权"，这样就可以有效地避免考核结果出现不公平的现象了。

人才是企业成功的关键因素之一，培养人才是企业持续发展的必要条件。如果自己的公司里缺少人才，那只能说明创业者在培养人才方面投入的精力还不够多。

○ 有人才不算牛，留下人才才叫牛

马云曾坦言："阿里第一大产品既不是淘宝、天猫、支付宝，也不是阿里云、菜鸟，而是员工。"马化腾说过："对于腾讯而言，业务和资金都不是最重要的，业务可以拓展和更换，资金可以吸引和调配，唯有人才是不可轻易替代的，人才是腾讯最宝贵的财富。"

从两位商业大佬的话语中，不难看出人才是多么可贵。对于初创公司来说，培养出一个人才来不容易，而更不容易的，是如何留下好不容易培养出来的人才。为了留下人才，很多企业可谓是不遗余力。

进入胖东来的店铺中，很明显地能够感觉到与其他地方不一样的地方，就是每一个营业员的脸上都挂着发自内心的笑容，那些笑容让顾客感觉很舒服，如沐春风一般。每当有营业员看到抱孩子的顾客，或是提着东西上下楼梯的顾客，都会立刻走上前去提供帮助。就连在超市内部做清洁的阿姨，那面对起自己的工作来，也是一丝不苟。当别家超市的清洁阿姨都是拿着大拖把拖地时，胖东来的清洁阿姨时常会跪在地上拿毛巾擦地，而且在这个过程当中，为了让地面尽快干，还有人在旁边拿着扇子扇，两个边说边笑，高高兴兴就将活干完了。

有人问："是不是老板要求这样做的？"阿姨的回答是："不是。"既然不是，还有什么理由让清洁阿姨如此细致地干活呢？阿姨的回答是："因为这样擦得干净。"当一名清洁人将追求"干净"作为自己的工作目标时，在她的心中，就不是在给老板干活了，而是在给自己家干活。因为只有给自己家干活时，才会如此负责，如此尽心。

为什么胖东来的员工能够做到事事为店铺操心，因为店铺的经营与他们自身的利益息息相关。自己做得好，店铺的经济效益就有保障，自己就能从中得到实惠；自己做得不好，那么店铺的经济效益就得不到保障，自己的利益也会受损。

让员工得到实惠，得到实实在在的收入，这就是胖东来对员工的管理逻辑。所以胖东来的员工收入，相对于同行来说，十分可观。

从薪资水平上，就不难理解为什么胖东来的员工能够将公司当作自己的家，也就不难理解为什么人才们挤破脑袋也想成为胖东来的一员了。

高薪资，只是胖东来留下人才的方式之一。对于初创公司而言，可能无法通过"高薪酬"的方式留住人才，那么还可以通过什么途径来留住人才呢？

1. 打造利益共同体，以"利"诱人

能否留住人才，往往就看钱是否到位，薪酬是吸引、保留和激励人才的重要手段，是企业经营成功的重要因素。但对于初创公司来说，很难给予员工高薪酬。这时候，就需要经营者打造出一个"利益共同体"来以"利"诱人了。

小米成立之初，为了留住公司里的人才，他制定了一套方案，给出了三个选择：

①可以选择和跨国公司一样的报酬；

②可以选择2/3的报酬，然后拿一部分股票；

③你可以选择1/3的报酬，然后拿更多的股票。

最后有80%的人都选择了第二种，员工们既拿到了不错的薪资，同时也持有一部分股票，为了让手中的股票升值，大家都非常乐意跟公司一起奋斗，共同成长。

给员工股份，就是"打造利益共同体"的一种方式，只要能够让

员工觉得公司的生死存亡都与自己息息相关，公司和员工之间能够建立起"互惠"的关系，公司和员工之间就成了"一条船上的人"，员工就不会轻易离开公司了。

2. 打造企业文化，以文化吸引人

华为公司的创始人任正非曾说过："世界上的一切资源都是可能枯竭的，唯有文化才能生生不息。"所以企业需要文化来作为自己的"魂"，成为自己的核心精神。

打造企业文化，需要经营者有明确的战略目标和方向，通过精辟、富有哲理的语言，铭刻在每个员工的心里，从而成为员工精神世界的一部分。同时，文化的导入需要大众化，让员工能够更好地接受，并通过长期的熏陶和引导，最终成为一种公司行为准则，一种行为习惯。

就像华为那双著名的"芭蕾脚"，无时无刻不在向员工们传达着"伟大的背后是苦难"的理念，这种不怕苦不怕难的精神，以"企业文化"的形式注入到了华为的"血液"中。每一个华为人，都是不怕苦不怕累的，他们不断地挑战自己，向着更远的方向前进。

3. 营造温情氛围，以情感动人

经营企业就是经营人心，经营人心就是经营人性。很多时候，

经营者都会将自己的重心放在业务上，很少能够做到真正地关心员工。而胖东来在这点上做得十分好。许昌胖东来茶叶超市曾因销量太大，为稳定质量和避免员工太累，宣布员工将提前3小时下班。除此之外，胖东来还做出了每周二闭店休息、给员工发"委屈奖"、增加"不开心假"等关爱员工的举动。胖东来的人性化管理，每上一次热搜，就会引来全国打工人的羡慕之情。

人非草木，孰能无情。我们要努力营造一种积极向上、团结和谐的人际关系和工作环境。当员工做得好时，我们要第一时间发现和肯定，并给予一些积极的正面反馈，鼓励员工的行为方式。当员工做得不好时，我们也要及时给予指点和帮助，并给予足够的时间去消化和成长。只有经营者真心实意地为员工排忧解难，发自内心地对员工好，员工才会从心里信任和依赖你，就会由衷地拥戴你。

4. 建立完善的管理制度，以前程留人

对于打工者来说，是否愿意留在一家公司里，薪资是很重要的一方面，另一方面就是前程。学会用事业吸引人，用事业留人，对初创企业来说尤为重要。那如何让员工看到自己的未来呢？答案就是制度。

企业需要设定员工职业晋升通道，告诉员工干好了，除了有高额的回报之外，还有美好的职业规划，让员工可以明确地看到只要自

己干得好，就能够走到什么位置上去，让他们为了升职加薪而努力奋斗，让他们为了拥有更光明的未来而踏实地留下来。

经营者只有努力打造属于自己公司的一套培养人才和留住人才的机制，才能确保人才的可持续发展，保证企业基业长青。

○ 管理要有制度，制度要有人情

中国是一个讲究"制度"的国家，从几千年前的周朝开始，就已经有了先进的制度。国家管理需要制度，同样，公司管理也需要制度。制度是企业组织中所有成员一切分工合作的基本规范，是成员在组织中的行为规范。

但对很多经营者而言，制度成了一个烫手山芋，扔不得又吃不得。为什么这么说呢？在小企业中，没有制度管理会变得很糟糕；当企业发展壮大后，制度又会令管理变得僵硬化。究其原因，在于世界在变，社会在变，环境在变，人也在变，而制度却不能朝令夕改。一切都在变，制度却不能时时变，这本身就是一种矛盾。不可否认的是，不管是发展成熟的大公司，还是刚刚起步的初创公司，都离不开制度，但仅仅有制度绝不是好的管理。

曾经有一个"面馆"的故事，很好的反映了管理与制度之间的关系。

一个人经营着一家拉面馆，开始生意还不错，但自从老拉面师傅离职新拉面师傅上任后，经营就出现了问题。

当初他在雇用新拉面师傅时，薪资这块有些谈不拢，为了调动拉面师傅的工作积极性，他采取的措施是按照拉面的销量给师傅提成，每卖出一碗面，师傅就有五毛钱的提成。这就意味着来的客人越多，师傅的工资就越高。因此，为了多招揽些客人，师傅就在碗里放超量的牛肉。本来一碗牛肉拉面的售价就不高，牛肉数量增加了，自然成本就升高了，经营者几乎没有利润可言。

于是，他又想出来一个办法，那就是提高薪水，但每个月的薪水是固定的，不再有提成，经营者认为这样拉面师傅就不会多加牛肉了。事实上也确实如此，但是没过多久，客人就变得越来越少了，原因在于拉面师傅开始少放肉了，因为肉放得少，所以顾客就来得少了，顾客少了，拉面师傅的活就少了，但是他每个月的薪水却不受影响。

俗话说："规矩是死的，人是活的。"制度是死的，但被制度管理的人是活的。制度只能管例行，却无法管例外。因此，好的管理要兼具制度化和人性化。

1. 确保制度人性化、合理化

制度的存在就是为了更好地指导员工工作，所以要从员工的角度出发，不能一味严管、压制。某玩具制造公司有这样一条规定，只要员工延迟交货，那么不管在什么情况下，都要扣取一定的违约金。但事实上，只要是延迟交货，多半都是事出有因，出现了不可抗拒的因素。为了保证交货时间而制定相关的制度无可厚非，但是如果不合理，那也就失去了制定的意义，毕竟制度是用来遵守的，若遵守有困难，则形同虚设。

因此，经营者在制定制度的时候，要经过详细的调查，认真细致地分析研究，并结合自身的经营状况和员工的实际情况，在征求员工意见的基础上，拟定出较为合情合理的规章制度。另外，要让员工有充分、合理的时间来熟悉和学习制度，也能够有反省自我工作，改进自我工作的时间。

2. 确保制度被合理化执行

假如公司规定：不得在上班时间刷手机短视频，违者罚款1000元。这时，有个人偏偏就在你眼皮子底下刷手机短视频，你该怎么办呢？

你面临着两种选择，一种是管，一种是不管。如果你当下就罚款，那你可能会损失一个人才。

在华为有这样一个故事：一天，任正非路过华为实验室时，看到一个工程师在用电脑玩游戏。实验室中的电脑是为了做实验专门配置的，用这样的电脑打游戏，一来可能会损耗电脑；二来电脑的配置不见得能符合游戏的要求；三来公司有规定，在上班期间不得玩游戏。于是，任正非便走进去问："用这个电脑打游戏不卡吗？"没想到工程师却对任正非说："这是实验重地，请你离开。"

事后，任正非了解到，这个工程师玩的游戏是系统自带的小游戏，不会对电脑产生影响。同时，工程师玩游戏的时间，是他在等待实验结果的时间内，等待实验结果是一个很漫长的过程，如果工程师不玩游戏，也没有其他事情可干，就只能干坐着。因此，任正非不但没有追究工程师的责任，还特地表扬了这名工程师，因为他时刻谨记着至关重要的一条规定——"实验重地，无关人等不得进入"，哪怕那个人是任正非。

如果你不管，那也有可能造成不良的风气，其他人看这个人玩手机没人管，那么也有样学样。

那究竟该怎样管呢？不要着急管，先去了解情况，为什么他会这样做？他这样做是否有其他隐情？又是否情有可原？等一切都查明了，再做出判断也不迟。这就是合理化执行。

3. 维护制度的权威性

管理学上有一个著名的"热炉法则",大致的意思是:当有人用手去碰烧热的火炉时,就会受到"烫"的惩罚。而这个"热炉效应"可以用来维护经营者所制定的制度的权威性,历史上著名的"孔明挥泪斩马谡",利用的就是"热炉法则"。

这个"热炉法则"具有以下四个特点:

特点一:预警性。当炉子被火烧得火红,即便不用手去摸,都能知道炉子是热的,如果用手摸,就会被烫伤。经营者据此来对员工进行制度教育,以警告他们不要违反、抵触规则,否则就会被烫伤。

特点二:即时性。当有人罔顾法则,就好比看着烧得通红的火炉,依旧要用手去摸,那么他的后果就是会被立即烫伤,绝不拖泥带水。同样,对于违反制度的员工,一定要让他们受到相应的惩罚。

特点三:必然性。对于摸到热炉被烫伤,是必然的结果,不会有下不为例之说。而管理者对员工的处罚也必须在错误行为发生后立即进行,决不能拖延,或是之后,这样才能达到及时改正错误的目的。

特点四:公平性。不管是谁碰了热炉,都将无一例外,会被烫伤。这一点强调的是处罚的公平性,不管是谁违反了制度,都会被惩罚,不能有特例。

最后,因为任何规章制度都是时代的产物,也是为了适应时代、环境而制定出来的。创业者在制定管理制度时一定要有前瞻性，使制度具备一定的灵活程度，可以随着时间、环境的变化而变化。若是经营者在管理的过程中，发现了现有规章制度存在不合理的地方，那就需要尽快废止或是进行合理的补充，否则制度就会成为束缚员工积极性的僵硬条文。

○ 扁平化管理，划清业务界限

随着社会的进步，我们已经从工业社会走向了互联网时代，因此，现代组织的生存环境也产生了巨大的变化，客户需求变得更加多样化、个性化，竞争对手也变得模糊，员工变得更加以自我为中心，参与感更强，这一系列的变化都要求创业者在组织管理时，要主动创新，主动变革。

许多知名大公司早已经步入了改革的行列，我们所熟知的海尔、华为、IBM等，都在努力突破工业时代的"金字塔结构"，建立无边界组织，搭建柔性团队，提高组织的灵活性和敏捷性，实现组织扁平化。所谓组织扁平化，就是强调以工作流程为中心、企业信息的充分交流，以及企业资源与权利的适当授权。

2007年之前的网络市场上，有成千上万的韩风女装品牌，有的是代购，有的是仿款，每家店铺也就几十款，质量款式也都差不多。赵迎光经营电商好几年，一直寻求着突破点。这时，他接触到了一家韩国最大的快时尚公司，这家公司与众不同，一下子给了生产商700多个款式，但单款的订单量却不高，最多也就上千件。而具体生产哪些，由生产商自行决定。之后，哪款卖得好再返单。

赵迎光深受启发，与其大量生产，大量积压，为什么不走"款多量少"的路子呢？由于公司规模不大，赵迎光将重点放在了培养买手上，让买手从韩国3000多个服装品牌中挑选出1000个，将这1000个品牌分给40个人，每人每天从25个品牌的官网上挑出8件新品，这意味着赵迎光的店铺每天都有200款新品上架。这波操作为赵迎光吸引了大量的流量，很快让他跟其他韩流品牌店铺区分开来。

接着，赵迎光根据发展情况做出了战略调整，他将"代购商品"改为"代购款式"，买手像从前一样选款，不同的是，款式是交给生产部门，由国内的生产部门进行量产。这样就避免了代购商品等待时间过长、无法退换货的"硬伤"。同时，还改变了每人每天盯25个品牌的方式，让买手之间产生竞争关系，培养买手的竞争意识，一举改变了之前买手缺少经营和竞争意识的局面。

随着公司发展脚步越来越快，公司内部的组织结构也在不断变化。传统的"买手班子"被停掉，成立了一个又一个的小组，每个小组都包含买手、视觉人员和运营人员。到了2011年，韩都衣舍内部已经有了70多个小组，为了让每个小组都拥有可以调配的资源，赵迎光给了每个小组更好的自治权，小组可以自行进行款式选择、定价、生产量和促销，然后根据毛利润和资金周转率来计算小组提成。

每过一段时间，就会对各个小组进行排名，排名前三的会得到奖励，排名后三的会被打散重组。这样一来，每个小组都是一个竞争因子，就相当于一个小型公司一般。反观传统的服装企业，许多品牌创始人都是设计师出身，并会参与到选款当中。只要企业做大一些，这种传统的方式就会产生精力和能力的限制，出现选款失误。

韩都衣舍的扁平化管理方式，将传统服装业一点点打散，一点点啃食，使他们在服装行业占领了一席之地。

初创公司要实行扁平化管理，就需要员工们打破原有的部门界限，绕过原来的中间管理层次，直接面对顾客和公司的总目标，以群体和协作的优势赢得市场主动地位。用华为的话说，就是"上下管到底，左右管到边，从起点管到终点。对于体力工作者来说，让业务流程自然通过"。尤其是对于大公司而言，扁平化管理几乎是企业组织发展的必然趋势，那对初创企业来说，该怎样去建立扁平化组织呢？

1. 建立以工作流程为中心的组织结构

流程化组织，是面向客户需求，沿着流程来分配权利、资源以及责任的组织，将流程与组织并联成为战略执行的载体，通过对组织结构、岗位职责的有效设计，使得职责清晰明确，确保战略在组织及个人层面获得有效承接。这样的组织结构不再围绕着职能部门，职能部门的职责也随之淡化。

2. 简化纵向管理层

纵向管理是一种组织管理的方式，通过明确的上下级关系和权力分配，实现对下属的指导、控制和监督。组织扁平化要求企业简化繁琐的管理层次，取消一些中层管理者的岗位，缩短管理链条，增大管理的幅度，管理幅度越大，扁平化程度越高。

3. 以顾客需求为驱动

一个企业中，通常做决策的是管理人员，但真正接触顾客的却是基层员工，而基层员工却没有决策权。在基层人员将顾客反馈的信息向上级传达的过程中，会不可避免地出现失真与滞后的情况。企业若是想快速响应市场变化，真正做到让顾客满意，就要建立以顾客需求为驱动的组织，这就需要企业将资源和权力下放于基层，让基层人员拥有部分决策权，能够在第一时间将顾客的问题处理掉。

4. 现代网络通信手段

网络通讯手段的日益发达，为办公提供了更多更优更便捷的途径。企业内部与企业之间通过使用E-mail、办公自动化系统、管理信息系统等网络信息化工具进行沟通，可以大大增加管理幅度与效率。

5. 实行目标管理

将权利下放给员工的同时，还要进行目标管理，俗称"责任制"，即以目标为导向，以团队作为基本的工作单位，员工自主做出自己工作中的决策，并为之负责。对于员工而言，不是有了工作才有了目标，而是有了目标才能确定每个人的工作。当企业的使命和任务，转化成了员工的个人目标，那就能充分调动起员工的主观能动性。

管理一家企业，独断专行行不通，培养不出独当一面的人才；完全放手也行不通，没有约束力的团队就像是一盘散沙。从目前社会发展的现状看，扁平化越来越适合目前高度网络化和信息化的大环境，因为整个世界也在扁平化。相比于结构臃肿的组织结构，扁平化的管理方式显然更具有竞争力。

第8章
CHAPTER 8

避坑指南，
远离这些创业路上的"陷阱"

创业是一个艰难的过程，很多人会在这条路上撞得头破血流，最终能够走向成功的人，是极少数人。而这极少数人有一个共同的特点，那就是懂得从大量样本的失败中汲取教训。这比起学习成功经验，更为价值连城。因为，创业不是一步就走向成功，而是通过走对每一步，一步一步走向成功。

○ 说干就干，缺少深思熟虑

在社会舆论和政策环境的双重助推下，让很多创业者觉得创业很简单，认为只要创业了，就一定会实现财务自由，就一定拥有社会地位，因此凭着一腔热情，盲目地进入创业的大潮。

然而，未知是美好的同时也是可怕的。创业就像一朵含苞待放的罂粟花，充满了未知性和诱惑力。没有人能准确地预知将发生的事，无论将创业描绘得多么美好，也无法掩盖它极具风险的事实。许多人抱着想成为下一个成功企业家的冲动，开了一家小店，或是投资了一个项目，最后大多数都是以惨败收场。

晓菲有一手好厨艺，每逢亲朋好友聚会，她都会露一手。她做出来的饭菜，总能让大家赞不绝口。有几次，朋友由衷赞叹说："晓菲，你这手艺不去开饭店，真是亏了。"

说者无心，听者有意，晓菲想着自己每天朝九晚五，挣不了多少钱，还要受"职场气"，倒不如自己做老板，做点自己喜欢的事，既自由自在，还能赚个盆满钵盈。想到这里，晓菲几乎毫不犹豫地就辞掉了相对稳定的工作，转身投入到了开餐馆的行列当中。

前期找店面、装修、制定菜谱等，几乎花掉了晓菲家里所有的积蓄。然后等开张后，晓菲才发现开餐馆并非她想象的那么简单。

首先，晓菲若是当主厨，那就兼顾不了前台的工作，而前台又担负着收银、招待的艰巨任务；若是招聘一个主厨，费用高不说，还违背了晓菲最初开饭店的初衷。权衡之下，晓菲选择了在后厨忙活，然后招了一个没什么经验，但工资要得不高的小姑娘当前台。

其次遇到的问题，就是真正在饭馆炒菜和在家炒菜完全是两个概念，明明做家常菜很好吃的晓菲，却怎么也找不对顾客的口味。而且每天颠锅，晓菲的臂膀出现了严重的关节疼痛。最后不得不花高价雇了一个主厨，辞掉了原来的前台，晓菲又是收款，又是当服务员。

原本以为这样下去，总会有出头之日，结果却碰上了一群打架闹事的人。对方本就喝多了，再看老板是个弱女子，就更加肆无忌惮起来。等到警察来临，将闹事带走后，小饭店已经是一片狼藉。虽然闹事人员最终赔偿了大部分损失，但经此一闹，小饭店的生意一落千丈。

再加上晓菲在开店前，没有规划运营模式，导致她的小店没有什么特色。就这样勉强维持了一年，晓菲不但没有实现致富的目标，她梦寐以求的"自由"也没有实现，反而比上班时的工作时间更长，经常半夜一两点才回家，让爱人及孩子十分不满。在重压之下，晓菲的小饭店以赔钱十多万元结束。晓菲再次回到了职场，但由于中途的离职，一切都要重新开始。

很多创业者都是因为工作压力大、工资低、不自由、不顺心等因素，便毫不犹豫地放弃工作，选择创业。这种说干就干的创业，很潇洒，但也很危险。因为创业绝非简单的"点子+资金"组合，它需要深厚的专业知识、丰富的行业经验以及精准的市场洞察力。若没有一定的行业积累与沉淀，创业者往往对行业规则、竞争态势、客户需求等关键要素缺乏深入了解，决策失误的概率便会大幅增加。

小李补胎的创始人李沅坤1997年进入轮胎行业，从学徒工做起，直到2000年，他开始自己创业，期间三年多的时间里，他都用来学习和积累。说起创业，他说："创业不是一时兴趣，而是深思熟虑后的结果。"在未开始创业前，李沅坤就发现了行业中存在的诸多问题，比如：工作环境脏乱差、无服务标准、补胎材料的质量良莠不齐、维修标准不达标等。发现了这些问题后，他并没有急着开始创业，而是寻找解决问题的方式，研究补胎的每一个环节，直到做到心中有数后，他才开始创业。

根据自己在行业中积累的经验，李沅坤将补胎工艺分为了26个步骤，每一个步骤都决定着补胎出来的最后效果。因为准备充分，即便定价高于市场，但小李补胎一直稳步前进，还在补胎的业务基础上，发展了24小时救援等业务，并做成了中原地区轮胎养护的第一品牌。

那些最终走向成功的创业者，都是经历三思后才付诸了行动。孙悟空在五指山下被压了五百年，才有资格去西天取经；姜子牙苦学40难，才有资格开始封神大业。面对创业的高风险与复杂性，我们并非要全盘否定创业的价值，而是要呼吁广大有志于创业的人士，以更为理性、审慎的态度去对待创业，提高创业成功的概率。

创业需要激情，也需要深思熟虑。创办一家公司，需要作好心理准备，需要了解市场，需要选好方向，需要提前设定好构建模式和发展理念，需要提前组建好团队……做好这一系列的规划，再开始创业也不迟。

创业并非普通人的"一夜暴富"捷径，也不是一时的头脑发热，而是经过深思熟虑后才坚定的前进方向。在当前复杂的经济环境下，更要理性创业。如果你未做任何准备，那还是不要轻易踏入创业领域，否则创业失败的名单里，也会出现你的名字。

○ 盲目跟风，什么火就干什么

有人曾做过一个实验：

在一群羊面前设置了一个栅栏，领头的羊纵身一跃跳过栅栏，后面的羊也跟着跳过去。接下来的一幕就有趣了，工作人员将栅栏移走，后面的羊走到这里时，仍像前面的羊一样跳了一下，就好像栅栏还存在一样。

这就是"羊群效应"。

所以，有经验的牧民在放牧时，往往只要控制好领头的羊，这样羊群就不会走丢了。

简单来讲，"羊群效应"可以理解为一种从众心理，跟风、随大流，别人干什么，我也干什么。

明眼人一看，就知道这个效应在批评一些没有主见、没有判断力的人，但现实生活中，这样的人并不在少数。在创业过程中，很多朋友依葫芦画瓢，看到哪个行业热门就涌向哪个行业，最后导致经营困难，在市场中举步维艰。因此，不管是创业小白，还是继续创业者，都切忌在创业时盲目跟风。

就拿新型茶业来说吧。近几年新型茶业特别火爆，武汉一家新型茶饮店刚开张，就出现了排长队购买的盛况。看到这火爆的场景，很多人便跟风开店，从2018年开始，国内的茶饮店数量呈翻倍式地增长，数量已经高达几十万家，甚至有的茶饮公司已经计划上市了。然而，在这十几万茶饮店里，很多新入局者非但一分钱没有挣到，还赔进去很多装修费用和加盟费用。小孟就是其中一员。

不知从什么时候开始，奶茶店忽然火了起来，小孟生活的小县城里也陆陆续续开了好几家奶茶店，小孟的女儿几乎每个星期，都要求喝奶茶。

经过多方打听后，小孟发现一家奶茶店的投资不高，但利润却不低，这让一直想要开店创业的小孟心里痒痒起来。于是，小孟拿出了家里的积蓄，又跟亲戚朋友借了一些钱，找了门面，进了设备，便自己摸索着做起奶茶来。

起初新店开张，各种活动和宣传，为小孟引来了不少顾客。可火爆的场面并没有维持多久，一些品牌奶茶店纷纷入驻小县城。比起品牌奶茶店，小孟的奶茶价格算不上低，味道也算不上好，又缺少忠实客户群体。还不到一年时间，小孟的奶茶店就从门庭若市变成门可罗雀。

这时，抓娃娃机开始兴起，商场里几乎每层楼，都摆放着抓娃娃机，每次小孟路过，都能看到不少小朋友围着抓娃娃机消费。小孟觉得机会又来了，她将奶茶设备二手变卖后，又从网上买了几台二手抓娃娃机，"奶茶店"立刻改头换面，变成了"抓娃娃店"。

这一次，依旧跟奶茶店一样，活动期间顾客爆满，但那都是赔钱赚吆喝，等过了活动期，恢复正常价位后，顾客便渐渐地变少了。再加上越来越多的抓娃娃店开张，优惠活动此起彼伏，大家就是图个乐呵，哪里便宜就去哪里。小孟既没有雄厚的经济实力以低价取胜，也没有过人的头脑在激烈的竞争中突出重围。

最后，房租到期，小孟的创业之路也以惨淡的结局收场。

很多时候，我们都是从网上看到了什么行业火爆，便觉得什么行业可以挣钱。确实，火爆的行业能够赚到钱，但这个钱能不能赚到你的口袋里，那可就不一定了。

首先，火爆的行业意味着竞争激烈。你能知道什么行业火爆，别人同样也能知道，但赛道就这一条，千军万马涌进来分这一杯羹，最终能够吃到"肉"，那都是能力本事运气顶尖的人，其余大部分人最终都沦为了"陪跑者"，连"汤"都喝不上。

其次，火爆的项目虽然多，市场也可以做得足够大，但用户群体是有限的，这就意味着，相似的店铺越多，抢到客流量的概率就越小。当一个店铺或是一家企业没有客流量时，那经营就会陷入死循环当中。

最后，能够发现暴火的项目，本身是一件好事，说明你具备一定的"商业敏锐度"。但不是所有站在风口上的"猪"都能飞起来，这需要你有资金、有人脉，还要有足够多的经验和资源，拥有这些条件，才能支撑你跟上这股风。否则，就成了盲目跟风，必输无疑。

当然，不是说跟风创业就一定会失败，一个行业的风口出现，意味着这个模式是正确的，有人成功了，后来者就可以少走很多弯路。只是，走在别人走过的路上，那颗最大的果实已经被别人摘走，盈利能力在下降，市场规模也在变小。如何在跟风创业的过程中突出重围呢？

创新是必不可少的环节。如果你能够做到局部创新或是改良，在大的行业中进行细分领域的深耕，那就完全有可能超越前人。同时，跟风也要结合自身情况，经过深思熟虑之后再做选择，这样可以最大程度上避免失败。

○ 追求规模，不合时宜急速扩张

对于那些雄心勃勃的创业者来说，走上了创业之路，就不会满足于现状。因此，当一些朋友赚得了第一桶金后，就会考虑扩张问题。尤其是当看到那些大规模的公司取得了不错的成就后，更觉得要规模做大，发展才能更好。

这其实是一种"误解"，生意越大，并不意味着规模越大。盲目扩张，极有可能引发资金链断裂的问题，从而导致创业失败。

陈乐大学学的是护理专业，毕业后当了几年护士，十分看好养老市场，经过了一番谋划后，便辞职开起来养老院。

为了保险起见，陈乐一开始只设立了100张床位。由于基础设施齐全，护理水平专业，开张不久，养老院的入住率就达到了85%。陈乐没想到第一次创业就这么顺利，钱袋鼓起来后，陈乐就开始琢磨着扩大经营规模这事，尽管这时养老院的入住率还未达到100%。

没多久，陈乐就盘下了一所废弃的小学，然后建成了2000多张床位的养老服务中心。同时陈乐还到省会的顶级养老院学习参观，回来后用了大半年的时间，将养老院改建成花园式居家养老中心。

陈乐原本以为可以复制之前的成功，却不料入住率大不如从前。更糟糕的是，因为服务质量的提高，运营成本也提高了，仅仅半年，陈乐的养老院便出现了资金周转困难的情况。

有关数据调查显示：创业公司的"死亡"，70%都是因为盲目扩张。无论是在哪个行业里创业，创业的步伐永远要匹配市场，市场走一步，创业者走一步。市场走一步，创业者要走两步，那就是盲目。

那么，怎么防止盲目扩张呢？这里为广大创业者提供两个建议：一个是外部周期，一个是内部人效。

按照朱格拉周期理论，经济周期大约10年一轮回。它将经历复苏、繁荣、衰退、萧条四个阶段，每个阶段3年左右。这个数值虽然不是绝对的，但认清周期后，我们至少能明白一点：那就是在经济开始走下坡路的那几年肯定不会太好，有可能是继续衰退，有可能是走向复苏，也有可能是最差劲儿的时候。这个时候，绝对不是扩张的好时机。

另外，每个行业都有一个平均的人效标准（总收入/总人数），如果你的公司人效比平均数高，那么就可以考虑扩张；如果你的人效比平均数低，那就不适宜扩张。

兰兰在步行街开了一家童装店，店面不大，但因为款式好，价格实惠，十分受宝妈们的喜爱，尤其是逢年过节，小小的店面就挤满了人。可能是看着兰兰的童装店生意好，半年的时间里，步行街就接连开了好几家。甚至有的店面原本只做女装，现在又扩大了经营，增加了童装。

朋友看兰兰多了些竞争对象，便给兰兰出主意，让她扩大店面，增加童装品类，从"气势"上打败她们。兰兰其实早就有扩店的想法，但她觉得现在扩店绝不是最佳时期。顾客总共就那么多，不是来你家，就是去他家。现在店铺多了，顾客的选择更多了，扩张不一定就能抓住顾客，持续选好品才是正道。

再加上其他人只看到了兰兰光鲜的一面，却不知道童装并不好做。首先小孩子长得快，码数得齐全；其次孩子的衣服质量要过关，价格还不能偏高，往往拿不了几件货，十几万货款就出去了。

就这样，兰兰坚持了半年。之前那些被新店吸引走的顾客，又都回到了她这里。那些新开的店，经历了短暂的"辉煌"后，便开始走下坡路了。有的店撑不下去关张了，有的店开始走低端路线，以"9.9元一件"来博取眼球。这时，兰兰才作出了扩张的决定，她租下了隔壁的店面，原本的店面扩大了一倍。顾客购物不再挤来挤去了，能够好好选购，兰兰的营业额也提升了不少。

如果将创业比作一场马拉松，那一开始就跑太快，就会"后劲不足"。创业，不仅仅是一个实现创富从0到1的事情，还是一个漫长的过程，每一步都会影响着你最终的结果。纵观整个商界，任何一家初创公司能够取得成功，都是经过了漫长的周期后才实现的。因此，每走一步都要看清晰，走稳当。

一口吃不成一个胖子，创业的步子也不能一下迈得太大。急功近利，只会让自己摔得更惨，难以在创业路上走得更远。

○ 用烧钱换成长，挂名死亡排行榜

说到创业，人们首先想到的就是"烧钱"。确实，创业是一件很烧钱的事，办公设备采购费、日常办公用品采购费、基础办公场地费、物业费、水电费、网费……产品需要开发费，开发后还需要推广费，还有员工的薪水……而大部分公司从成立到盈利，至少需要一年左右的时间。

面对这样的局面，很多公司撑不到开始盈利，就已经被各种支出拖垮了。为了不被拖垮，很多企业便开始寻求资金方面的帮助，走上了"融资"之路。如果你的项目不错，很有发展前景，融资是一件很容易办到的事情，但拿到钱后该怎么用呢？继续"烧钱"，有可能换来的是成长，也有可能换来的是覆灭。

因为创业不是一蹴而就的事情，不是短期花点钱就能撑住的事情。创业是一场10年以上的马拉松长跑，没有8～10年的时间，不可能造就一家有影响力的企业。无论是老一代的联想、华为、海尔，还是后来的三大门户网站，或者是现在的中国三大互联网公司，他们从创意到最终取得非常稳定性的这种成功，都花了10年以上的时间。10年的时间，如果一直靠烧钱来成长，那即便是有万贯家财，最终也会落个分文不剩。

"E洗车"曾经号称国内最大的移动互联网洗车公司，现已经宣布倒闭。背靠着国企的资源，可谓是含着"金汤匙"出生。

当初，凭借着良好的行业发展趋势，"E洗车"很容易就融资到了2000万元美元。有了钱后，"E洗车"开始宣传攻势。为了打开知名度，"E洗车"推出了1元就能够为顾客洗车的服务，甚至零元洗车也屡见不鲜。可洗一辆车的成本至少要30元，也就是说，在活动期间，"E洗车"每洗一辆车，就要赔进去30元，短短两个月，就将融资来的2000万美元"烧光"。

可付出如此代价，却没有换来忠诚的用户，很多用户在做活动时纷沓而来，但活动一结束，就转而去其他店铺了。"E洗车"可谓是"赔了夫人又折兵"。

很多初创企业在没流量、没市场的时候，都会选择用"烧钱"的方式换增长。烧钱能够获取用户，占领市场。获取用户可以细分为教育用户和抢夺用户。比如：滴滴打车作为初创企业的时候，消费者对滴滴这一新生事物不熟悉，司机也不会使用，于是滴滴打车就对消费者和司机进行了双向补贴，这就是典型的用户教育行为。

但很快竞争者就来了，这时候就更需要烧钱了，因为要抢夺用户。比如：以前的消费者都习惯在淘宝、京东这些传统的电商上面买纸尿裤，网易、蜜芽这些新型电商就推出了75元的花王纸尿裤，就是为了从传统电商手里抢用户。

其实抢用户的最终目的，还是赚钱。企业短期让利给用户，是为了让用户形成使用习惯。就像打车一样，打车属于高频需求，如果用户习惯了用滴滴打车，那就不再愿意到马路边等车了。这样以后的五年、十年，用户"反馈"给滴滴打车的钱，就远远超过了滴滴打车曾经补贴给用户的金额。

这个逻辑看似简单，但如果创业就这么直白的话，那遍地都是创者成功者了。因为烧钱的结果有两种，一种就是以最快的速度烧成老大或老二，要么就被这个行业的老大老二干掉。但即便你成不了老大老二，钱也是烧了。更何况，烧钱买用户这么没有技术含量的事，换个人就能做得来。反正有钱就往各种渠道砸，一定能砸来用户。但砸来用户之后呢？通常情况下，用户习惯了补贴后，如果不继续进行补贴，用户就会停止"买单"。因为用钱培养起来的利益关系，是最脆弱的关系，一旦利益不存在，关系也随之土崩瓦解。对于初创企业的发展来说，"烧钱"的姿势不对，花再多的钱，也无法黏住用户。

那为什么有些企业就靠"烧钱"成长起来了呢？首先，企业"烧钱"有其内在的商业逻辑，成熟的企业更有其完整的商业考量。其次，有的项目必须"烧钱"换成长，比如上述滴滴打车的例子，不烧钱人们就不知道，不知道就不会使用，所以第一步必须先帮用户交"学费"。同时，这个项目还必须有持续性，有的项目确实是高频需求，有的项目只是看起来像高频需求，比如：洗车。用户还有其他更好更便捷的选择方式时，你烧再多钱，也无法产生用户黏性。

因此，先累积用户再寻找商业模式或者靠烧钱来提升发展速度，这是非常高风险的发展模式。因为现在虽然可以靠融资来支持公司烧钱。但一旦没有新的买单者进入，你的现金流就会枯竭，公司就会陷入灭顶之灾。

○ 随意分配股权，利益纠葛不清

股权分配这件事，早期的时候大家都无所谓，尤其是朋友之间合伙做生意，更觉得"提钱伤感情"，殊不知，最后就是因为当初没有提钱而伤了感情。"人为财死，鸟为食亡"这是古人留下来的训诫，经过了上百年的历史印证，告诉我们一旦做出点成就后，即便是亲兄弟也会打得你死我活，所以不要试图在股权问题上做任何草率的决策，太多创业公司都死在这个问题上。

真功夫创立于1990年，目前是中国最大的中式快餐连锁品牌，门店遍布全国50多个城市，门店近千家。但如果不是股权纷争，真功夫可能比现在发展得更快。

真功夫的前身是"168甜品屋"，创始人潘宇海出身于厨师世家。

1994年，潘宇海的姐姐潘敏峰与姐夫蔡达标想要与潘宇海合作开店，为此，潘宇海将旧餐馆关闭，双方各出资4万元开了一家新店——168蒸品餐厅。股份上，潘宇海占50%，蔡达标占25%，潘敏峰占25%。

早期，餐厅的主导权一直掌握在潘宇海手中，因为他是大厨，控制着餐厅菜品的质量。由于菜品味道佳，当时168蒸品餐厅的生意好得离谱，70平方米的小餐馆每天的营业额都在1万元以上。随着生意的红火，他们陆续在当地开了三家分店。1997年，公司更名为"东莞市双种子饮食管理有限公司"，开始走上连锁扩张之路，但公司的股权设计结构，并没有因此改变，潘宇海担任法定代表人、执行董事和总裁的职务。

眼看着公司越做越大，蔡达标于2003年提出了出任公司总裁的要求，并提议5年换届一次。潘宇海基于认可蔡达标的策划才能，于是自己以副总裁的身份承担起了全国各地的门店开拓工作。

2006年，蔡达标因为婚内出轨，潘敏峰协议离婚，潘敏峰为了争夺抚养权，将自己25%的股权给了蔡达标，此时公司的股份变成了潘宇海与蔡达标各持股50%。2007年"真功夫"引入了两家风险投资基金，公司进行重组，两家风投公司各占股3%。公司改组采用"装资产不装股权"的方式，即将原"双种子公司"和"蒸品店"的所有资产及其180余家门店装入新成立的"真功夫餐饮管理有限公司"，原"双种子公司"保留并作为合资公司的持股公司。由于这种合资方式只是为了将来上市做出的过渡性安排，所以合资公司须提前改制为股份制公司。创始人潘宇海等股东当时没有反对，但从此为股东纠纷埋下祸根。

与此同时，"真功夫"在蔡达标的主持下，开始推行去"家族化"的内部管理改革，以职业经理人替代原来的部分家族管理人员，这些人基本上都是由蔡达标授职授权，潘宇海被架空。2008年，蔡达标五年一届的总裁任期已到，但蔡达标拒绝交出总裁的职位。至此，潘宇海与蔡达标的矛盾日益加深。公司内部为了协调这个矛盾，提出成立一个子公司，创立新品牌"哈大师"，由潘宇海负责经营，总公司投入5000万支持"哈大师"发展，两人各司其职，互不干涉。

可"哈大师"一年砸钱1600万，却没有什么起色，此时潘宇海体会到了创立新品牌的艰难性。更让潘宇海备受打击的是，后续的3400万投资，蔡达标以优先确保真功夫门店扩张为由，拒绝出资。同年，蔡达标单方面取消了潘宇海登录公司OA系统的权限，使其无法获得公司日常管理方面的信息。潘宇海以股东身份向全体员工发出的拜年短信，也被蔡达标强行删除。

潘宇海不满被边缘化，状告蔡达标，蔡达标因挪用公司资产被捕，资本方退出，再后来潘宇海重新掌舵，公司重新起航。然而股权之争的这几年，真功夫的开店数量几近停滞，错失了中式快餐发展的黄金时期，否则很有可能成为能够与肯德基、麦当劳一较高下的中式快餐。

对于初创公司的发展来说，好的股权结构不一定能够让公司成功，或是为公司带来更多的利益，但不好的股权结构一定会在公司进入飞速发展时期时，拖住公司的后腿，严重影响公司的发展与扩张。下面，就为创业者们罗列几种坑人的股权分配方式。

1. 按照人数平均分配股权的方式

即根据参股人数，将股权进行平均分配。两个人就是各50%，三个人就是个33.3%，四个人就是各25%……这样分配股权的方式，看似十分公平公正，但所带来的问题和隐患极多，每个股东都有相同的投票权和决策权，导致在决策过程中产生分歧；还会导致未来股权空间的预留不足；还无法为人才提供具有竞争力的待遇；以及未来贡献不同而导致的心理不平衡等，这些都将对公司后期进行融资产生负面影响。

2. 按照出资比例分配股权的方式

在过去，股东分股权的核心甚至唯一依据是"出多少钱"。如果公司启动资金是100万，出资70万的股东即便不参与创业，占股70%是常识；但是这样只考虑了钱的价值，而忽略了人的价值。在公司早期，资金是有一定作用的，但越往后期发展，管理者人力的投入更重要。因此，这样的股权分配方式，很容易导致真正为公司出力的人内心失衡。

3. 过早分配和一次性分配的股权方式

公司才刚刚起步，大家就将股权分配完了，这样的分配显然十分欠缺考虑。一方面这样的一次性分配缺乏对既得股权者的约束，会导致后续激励不足、滋养懒惰情绪；二来，因为过于早期，团队的贡献和价值并没有科学的方法去衡量，所以股权分配的合理性无法论证。因此会为后续的发展埋下隐患。

4. 股权没有设置退出机制

即只约定了如何分配股份，却没有约定股东如何退股，因此导致股东想退出，股份却得不到合理处理的尴尬局面产生。要么股东走了，股份还在，要么退出时谈不成而闹上法庭……因此，无论什么样的股权分配方式，都要包含股权退出机制。

作为初创企业中的领头人，创业者在权力分配和利益分配上必须保持客观公正，同时合伙人也要拥有不计较的美好品质，因为永远不存在绝对客观公正的分配方案。一个团队里，总是有个别人能力特别强，贡献特别大，而其他人的贡献，主要是追随和支持。只有这样，才能尽可能减少在"利益"的问题上出现分歧。